国家文化产业资金支持媒体融合重大项目

高等职业教育会计专业富媒体智能型·工学结合系列教材

杨华　主编

审计实务
习题与实训

（第二版）

Auditing Practice
Exercise and Training

东北财经大学出版社
Dongbei University of Finance & Economics Press

大连

图书在版编目（CIP）数据

审计实务习题与实训 / 杨华主编. —2版. —大连：东北财经大学出版社，2020.4

（高等职业教育会计专业富媒体智能型·工学结合系列教材）

ISBN 978-7-5654-3761-8

Ⅰ．审… Ⅱ．杨… Ⅲ．审计学–高等职业教育–教学参考资料 Ⅳ．F239.0

中国版本图书馆CIP数据核字（2020）第010862号

东北财经大学出版社出版

（大连市黑石礁尖山街217号　邮政编码　116025）

网　　址：http：//www.dufep.cn

读者信箱：dufep@dufe.edu.cn

大连图腾彩色印刷有限公司印刷　东北财经大学出版社发行

幅面尺寸：185mm×260mm　字数：264千字　印张：12.5　插页：1

2020年4月第2版　　　　　　　2020年4月第1次印刷

责任编辑：王天华　周　慧　责任校对：孟　鑫　王　丽

封面设计：冀贵收　　　　　　版式设计：原　皓

定价：28.00元

第二版前言

本书是东北财经大学出版社"高等职业教育会计专业富媒体智能型·工学结合系列教材"《审计实务（第二版）》的配套学习辅导书。

自本书出版以来，已经过去三年多的时间。通过三个年级的使用，学生普遍反映对审计学科体系的了解更为清晰，达到了我们的预期目标。在教学使用中，我们发现了几处需要改进的地方，部分任务后面缺少案例，加上2019年财政部先后发布了《关于印发〈中国注册会计师审计准则第1101号——注册会计师的总体目标和审计工作的基本要求〉等18项审计准则的通知》（财会〔2019〕5号）、《中国注册会计师协会关于印发〈中国注册会计师审计准则第1101号——注册会计师的总体目标和审计工作的基本要求应用指南〉等24项应用指南的通知》，明确要求该批准则和应用指南于2019年7月1日起开始施行。鉴于上述原因，我们对本书进行了修订和完善。

本书与《审计实务（第二版）》同步，采用"项目-任务"结构形式，各部分内容不仅仅是知识的归纳总结，更多的是知识的运用和技能的训练，把知识学习放到工作过程的技能训练中，以过程串起知识。

本书由杨华主编，编写人员及具体分工如下：杨华编写了项目一和项目四的同步练习及答案、两套期末模拟试卷，宋志强编写了项目二的同步练习及答案，曹志华编写了项目三的同步练习及答案，张英和于晓兵编写项目五的同步练习及答案。在本书编写过程中，编者参考了大量相关著述资料，在此向这些资料的原作者深表感谢！

对书中的不足之处，敬请读者批评指正。

编　者
2020年3月

目　录

项目一

接受业务委托的前期准备

任务1　选择会计师事务所的组织形式和业务范围

一、单项选择题

1.审计产生的基础是（　　）。

　　A.所有权与经营权一体　　　　　　　　B.所有权与经营权分离

　　C.私有制经济　　　　　　　　　　　　D.公有制经济

2.下列关于注册会计师审计的说法中，不正确的是（　　）。

　　A.注册会计师审计产生的直接原因是财产所有权与经营权的分离

　　B.注册会计师审计是由会计师事务所和注册会计师实施的审计

　　C.注册会计师审计独立于政府和任何企业或经济组织

　　D.注册会计师审计的产生早于政府审计

3.下列各项中，不属于注册会计师审计特点的是（　　）。

　　A.受托审计　　　　　B.强制审计　　　　　C.有偿审计　　　　　D.双向审计

4.下列关于财务报表审计的说法中，不正确的是（　　）。

　　A.财务报表审计的主体是注册会计师

　　B.财务报表审计的目的是对财务报表是否按照适用的财务报告编制基础编制发表
　　　审计意见

　　C.财务报表审计的结果可以由被审计单位管理层提供给外部利益相关者

　　D.财务报表审计完成后，注册会计师要向企业管理层提出改进经营管理的建议

5.下列注册会计师执行的业务中，不属于注册会计师鉴证业务的是（　　）。

　　A.审计财务报表，出具审计报告　　　　B.审阅财务报表，出具审阅报告

　　C.审核盈利预测，出具审核报告　　　　D.代为编制财务信息

6.下列各项业务中，注册会计师主要利用询问和分析程序对所审阅的历史财务信息
是否不存在重大错报提供有限保证，并以消极方式提出结论的是（　　）。

　　A.鉴证业务　　　　　B.审计业务　　　　　C.审阅业务　　　　　D.相关服务

7.下列表述中，正确的是（　　）。

　　A.会计师事务所均应以其全部资产对其债务承担有限责任

　　B.有限责任制会计师事务所应以其全部资产对其债务承担有限责任

　　C.有限责任合伙制会计师事务所的合伙人均应以各自的财产承担连带责任

　　D.合伙制会计师事务所均应以其全部资产对其债务承担有限责任

8.有限责任会计师事务所的组织机构实行（　　）负责制。

　　A.主任会计师　　　　B.部门经理　　　　　C.注册会计师　　　　D.项目负责人

9.下列各项中，（　　）会计师事务所以其全部资产对其债务承担有限责任，由注
册会计师认购会计师事务所股份，并以其所认购股份对事务所承担有限责任。

　　A.有限责任制　　　　　　　　　　　　B.合伙制

C.独资　　　　　　　　　　D.有限责任合伙制

10.（　　）会计师事务所以全部资产对其债务承担有限责任，各合伙人对个人执业行为承担无限责任，无过失的合伙人对于其他合伙人的过失或不当执业行为承担有限责任，不承担无限责任。

A.有限责任制　　　　　　　　B.合伙制
C.独资　　　　　　　　　　　D.有限责任合伙制

二、多项选择题

1.下列关于注册会计师审计发展历程的说法中，正确的有（　　）。
A.注册会计师审计是市场经济发展到一定阶段的产物
B.注册会计师审计起源于西班牙的合伙企业
C.注册会计师审计形成于英国的股份公司
D.注册会计师审计发展和完善于美国发达的资本市场

2.清丰公司聘请天诚正信会计师事务所对其2019年度财务报表进行审计，下列说法中正确的有（　　）。
A.审计主体是清丰公司
B.审计主体是天诚正信会计师事务所及其注册会计师
C.审计客体是清丰公司2019年度财务报表
D.审计目标是对清丰公司2019年度财务报表的公允性和合法性提出审计意见

3.注册会计师审计的三要素包括（　　）。
A.审计委托人　　B.审计人　　　C.被审计人　　　D.中间人

4.审计的基本职能包括（　　）。
A.经济监督　　　B.经济评价　　C.经济司法　　　D.经济鉴证

5.会计师事务所在岗位设置和审计过程中，必须遵循（　　）原则。
A.思想独立　　　B.机构独立　　C.人员独立　　　D.经济独立

6.世界各国会计师事务所的组织形式主要有（　　）。
A.有限责任制　　　　　　　　B.普通合伙制
C.独资　　　　　　　　　　　D.有限责任合伙制

7.现阶段我国会计师事务所的组织形式有（　　）。
A.有限责任制　　　　　　　　B.合伙制
C.独资　　　　　　　　　　　D.有限责任合伙制

8.我国会计师事务所可以办理（　　）业务。
A.审计业务　　　　　　　　　B.审阅业务
C.证明业务　　　　　　　　　D.其他业务

9.审计业务的具体类型有（　　）。
A.审查企业财务报表，出具审计报告
B.验证企业资本，出具验资报告
C.办理企业合并、分立、清算事宜中的审计业务，出具有关的报告

D.法律、行政法规规定的其他审计业务

10.会计师事务所存在下列情形之一，应当终止的有（　　　）。

　　A.合伙协议或者章程规定的解散事由出现，自愿解散

　　B.全体合伙人或者股东会决议解散

　　C.因合并或者分立解散

　　D.被依法宣告破产

三、判断题

1.审计产生的基础是在所有权与经营权分离的条件下，财产委托人与受托人之间存在的经济责任关系。（　　　）

2.注册会计师审计起源于意大利的合伙企业，形成于英国的股份公司，发展和完善于美国发达的资本市场。（　　　）

3.会计师事务所受理业务不受行政区域、行业的限制，但法律法规另有规定的除外。（　　　）

4.独资会计师事务所容易设立、执业灵活，但是难以承担大型审计业务，缺乏发展后劲。（　　　）

5.审计就是查账。（　　　）

6.审阅业务是注册会计师的法定业务，其他组织和个人不得承办注册会计师的法定审计业务。（　　　）

7.合伙制会计师事务所以会计师事务所的全部财产对其债务承担责任，不足部分由合伙人承担无限责任。（　　　）

8.相关服务也是一种鉴证业务，包括对财务信息执行商定程序、代编财务信息、税务服务、管理咨询、会计服务等。（　　　）

9.我国会计师事务所可以办理审计业务、审阅业务、其他鉴证业务和相关服务。（　　　）

10.设立会计师事务所必须由省、自治区、直辖市人民政府批准。（　　　）

四、案例题

1.资料：王庆祥是一名会计专业的高职学生，他的表姐路丽萍在一家公司的财务部门工作，2019年通过了会计师全国统一考试。路丽萍在取得证书后被单位聘任，工资提升了一大截，王庆祥对此非常羡慕，向表姐提出了一个问题：注册会计师就是会计师吗？

要求：请说明路丽萍应该如何回答王庆祥的疑惑。

2.资料：凯特化工有限公司委托天诚正信会计师事务所对其2019年度财务报表进行审计，经双方协商达成以下约定。

（1）天诚正信会计师事务所接受凯特化工有限公司委托，对凯特化工有限公司按照《企业会计准则》编制的2019年12月31日的资产负债表、2019年度的利润表、股东权益变动表和现金流量表以及财务报表附注（以下统称财务报表）进行审计。

（2）天诚正信会计师事务所通过执行审计工作，对财务报表的下列方面发表审计意见：①财务报表是否按照《企业会计准则》的规定编制；②财务报表是否在所有重大方面公允反映凯特化工有限公司的财务状况、经营成果和现金流量。

（3）审计服务的收费按照《关于规范会计师事务所服务收费标准的通知》计费标准，并依据天诚正信会计师事务所不同职务级别工作人员在本次审计工作中所耗费的时间为基础计算的。天诚正信会计师事务所预计本次审计服务的费用总额为人民币贰拾柒万元。

（4）天诚正信会计师事务所按照《中国注册会计师审计准则第1501号——对财务报表形成审计意见和出具审计报告》和《中国注册会计师审计准则第1502号——在审计报告中发表非无保留意见》规定的格式和类型，于2020年3月12日出具审计报告。

要求：请指明以下内容：（1）审计主体；（2）审计客体；（3）审计依据；（4）审计目标；（5）审计内容。

任务2 关注注册会计师的职业道德和审计责任

一、单项选择题

1.执业的注册会计师必须具有（   ）年以上在会计师事务所从事审计业务的经验。

  A.1   B.2   C.3   D.4

2.下列各项关于职业道德基本原则的表述中，属于注册会计师专业胜任能力原则要求的是（   ）。

  A.注册会计师应当在所有的职业关系和商业关系中保持正直和诚实，秉公处事，实事求是

  B.注册会计师应当保持职业怀疑态度，运用专业知识、技能和经验，获取和评价审计证据

  C.注册会计师执行的业务必须是自己能够胜任的业务，不承接自己不能胜任的业务

  D.注册会计师不得兼营或兼任与其执行的审计业务不相容的业务和职务

3.注册会计师可能应客户要求在前任注册会计师工作的基础上提供进一步的服务。如果缺乏完整的信息，可能受到不利影响的原则是（   ）。

  A.客观和公正   B.专业胜任能力和应有的关注

  C.良好职业行为   D.诚信

4.六福公司为一家珠宝企业，天诚正信会计师事务所承接了其2019年度财务报表审计业务，但是据了解，天诚正信会计师事务所从没有审计过珠宝行业，也没有熟悉珠宝行业的人员，则以下说法中正确的是（   ）。

  A.这种情况构成了欺诈，应解除业务约定

B.事务所可以聘请鉴定珠宝方面的专家

C.事务所应当与六福公司管理层讨论

D.事务所应当重点审查该公司账簿记录及原始凭证，确定珠宝的价值

5.下列各项不属于注册会计师职业道德基本原则的是（ ）。

A.诚信 B.保密

C.专业胜任能力和应有的关注 D.成本效益

6.下列关于保密原则的表述中，不恰当的是（ ）。

A.注册会计师在执行审计业务时要对涉密信息保密

B.在终止审计服务起10年以后可以不再对涉密信息保密

C.注册会计师应当警惕向近亲属或关系密切的人员无意泄密的可能性

D.注册会计师应当明确在会计师事务所内部保密的必要性

7.下列会计师事务所的行为，不会对职业道德基本原则产生不利影响的是（ ）。

A.向客户暗示有能力影响监管机构

B.在电视台黄金时间刊登广告，称其是世界一流的会计师事务所

C.在招聘网站上刊登招聘信息

D.在迁址公告中刊登其在全国会计师事务所排名中由原来的第25名升至第10名

8.下列各项中，属于注册会计师的主要近亲属的是（ ）。

A.哥哥 B.祖父 C.孙子 D.配偶

9.（ ）是指在第三者面前，注册会计师与委托人及被审计单位之间保持一种独立的身份。

A.实际上独立 B.经济上独立 C.形式上独立 D.组织上独立

10.（ ）指注册会计师没有完全遵循执业准则的要求。

A.普通过失 B.重大过失 C.欺诈 D.违约

二、多项选择题

1.通常情况下，注册会计师是（ ）。

A.项目合伙人 B.项目组其他成员

C.会计师事务所 D.具有中级职称的人员

2.注册会计师职业道德基本原则主要包括（ ）。

A.诚信和独立性 B.客观和公正

C.专业胜任能力和应有的关注 D.保密和良好职业行为

3.（ ）是对注册会计师职业道德最重要的三条要求。

A.诚信 B.客观和公正

C.独立性 D.保密和良好职业行为

4.天诚正信会计师事务所的注册会计师冯海霞在审计清丰公司的财务报表时应当保持应有的关注。下列相关陈述中，恰当的有（ ）。

A.应有的关注原则要求冯海霞勤勉尽责

B.应有的关注原则要求冯海霞保持职业怀疑态度，运用专业知识、技能和经验，

获取和评价审计证据

C.应有的关注原则要求冯海霞查出被审计单位财务报表的所有重大舞弊行为

D.应有的关注原则要求冯海霞采取措施以确保在其授权下工作的人员得到适当的培训和督导

5.以下对注册会计师专业胜任能力原则的表述中，恰当的有（　　　）。

A.专业胜任能力包括注册会计师对除会计、审计以外其他专业领域的胜任能力

B.专业胜任能力原则要求注册会计师在提供专业服务时合理运用职业判断

C.注册会计师专业胜任能力包括获取和保持两个阶段

D.如果注册会计师在缺乏足够的知识、技能和经验的情况下提供专业服务，其行为属于欺诈

6.注册会计师应当警惕向（　　　）无意泄密的可能性。

A.关系密切的人员　　　　　　　　B.父亲

C.外孙子　　　　　　　　　　　　D.外祖父

7.注册会计师可能因为（　　　）而承担法律责任。

A.违约　　　　　　　　　　　　　B.过失

C.专业标准规定有误　　　　　　　D.欺诈

8.注册会计师承担的法律责任的类型有（　　　）。

A.行政责任　　　　B.民事责任　　　　C.刑事责任　　　　D.批评

9.如果注册会计师违反执业准则、规则执行业务，应当受到（　　　）等处罚。

A.罚款　　　　　　　　　　　　　B.警告

C.暂停执行注册会计师业务　　　　D.吊销注册会计师证书

10.注册会计师避免审计责任的具体措施包括（　　　）。

A.严格遵循职业道德规范和执业准则的要求

B.审慎选择客户

C.深入了解被审计单位的业务

D.聘请熟悉注册会计师审计责任的律师

三、判断题

1.注册会计师必须加入会计师事务所才能接受委托承办业务。　　　　　　　（　　　）

2.审计助理只能在注册会计师的监督指导下开展工作，不能独立执行审计业务。　　　　　　　　　　　　　　　　　　　　　　　　　　　　　　　（　　　）

3.出现经营失败时必然伴随着审计失败。　　　　　　　　　　　　　　　　（　　　）

4.注册会计师可以利用所获知的涉密信息为自己牟取利益。　　　　　　　　（　　　）

5.注册会计师是否承担审计责任最终取决于注册会计师自身是否有过错。　　（　　　）

6.注册会计师未对特定审计项目取得必要和充分的审计证据，可视为普通过失。　　　　　　　　　　　　　　　　　　　　　　　　　　　　　　　　（　　　）

7.注册会计师明知被审计单位的财务报表存在重大错报，却加以虚伪的陈述、出具无保留意见的审计报告，则为重大过失。　　　　　　　　　　　　　　（　　　）

8.如果注册会计师未能查出被审计单位财务报表中的错报，则必须承担法律责任。（   ）

9.独立性原则要求注册会计师在执行审计业务时，不仅在实质上而且在形式上都独立于委托单位，但并不要求独立于外部的其他机构。（   ）

10.注册会计师依照执业准则进行审计，应能发现被审计单位财务报表中存在的所有错误和舞弊。（   ）

四、案例题

1.资料：清丰公司是天诚正信会计师事务所的审计客户。2020年3月12日，事务所出具了清丰公司2019年度审计报告。在审计过程中，事务所遇到下列与职业道德基本原则相关的事项：

（1）在一次聚会上，注册会计师冯海霞与其好友关新杰讨论了清丰公司收购大海公司计划的可行性。1个月后，清丰公司公告了该收购计划。

（2）审计项目组成员王冰心的丈夫在清丰公司担任财务总监。

要求：针对上述两个事项，逐项指出事务所及审计项目组成员是否违反职业道德基本原则，并简要说明理由。

2.资料：天诚正信会计师事务所首次接受委托对清丰公司2019年度财务报表实施审计，并于2019年年底与清丰公司签订了审计业务约定书。注册会计师冯海霞和王建军参与该项目的审计。假定存在以下情况：

（1）签约前，天诚正信会计师事务所通过与前任事务所和当地同规模的其他事务所比较，向清丰公司承诺在审计中更好地遵循审计准则。

（2）签约后，王建军受聘兼任清丰公司独立董事。为保持独立性，天诚正信会计师事务所在执行该项业务前，将王建军调离审计项目组。

（3）天诚正信会计师事务所聘用律师协助开展工作，要求该律师书面承诺按照职业道德规范的要求提供服务。

（4）在审计过程中，冯海霞发现清丰公司拟定的针对海航公司的竞争策略严重损害海航公司利益，在提交审计报告后向其担任海航公司总经理的大学同学透露了清丰公司的竞争策略。

要求：分别针对上述每种情况，判断会计师事务所和注册会计师冯海霞的做法是否符合中国注册会计师相关职业道德规范，简要说明理由。如认为不符合相关职业道德规范，请具体指明不符合职业道德基本原则中的哪一项。

任务3 明确注册会计师的审计目标与审计过程

一、单项选择题

1.下列关于管理层、治理层和注册会计师对财务报表的责任的说法中，正确的是（   ）。

  A.注册会计师对财务报表承担全部责任

  B.管理层对财务报表的编制直接负责

  C.注册会计师对财务报表承担审计责任

  D.管理层和治理层对编制财务报表承担完全责任

  2.注册会计师发现清丰公司将2019年12月31日已经发生的一笔赊销业务收入记在了2020年2月3日的营业收入账上的确凿审计证据，则注册会计师最关注的是与这笔业务有关的（   ）认定。

  A.分类   B.准确性   C.截止   D.完整性

  3.下列各项审计程序中，注册会计师认为不能为应付账款的完整性认定提供审计证据的是（   ）。

  A.向供应商寄发应付账款询证函

  B.检查应付账款余额是否有相关原始凭证的支持

  C.检查上年度资产负债表日前一个月入库的存货是否记录在本年度

  D.取得供应商对账单，并调节对账单与被审计单位财务记录

  4.清丰公司将2019年度的主营业务收入列入2018年度的财务报表，则其2018年度财务报表存在错误的是（   ）认定。

  A.截止   B.准确性   C.发生   D.完整性

  5.管理层对财务报表的下列认定中，注册会计师通过分析存货周转率最有可能证实的是（   ）。

  A.存在   B.权利和义务

  C.分类   D.准确性、计价和分摊

  6.（   ）认定，指所有应当记录的交易和事项均已记录，其主要针对的是低估现象。

  A.存在   B.完整性

  C.计价和分摊   D.分类和可理解性

  7.注册会计师在对财务报表进行分析后，确定资产负债表的重要性水平为200万元、利润表的重要性水平为100万元，则注册会计师应确定的财务报表层次重要性水平为（   ）万元。

  A.100   B.150   C.200   D.300

  8.下列有关风险评估程序的理解中，不恰当的是（   ）。

  A.注册会计师如果不实施风险评估程序，则无法评估财务报表层次和认定层次的重大错报风险

  B.注册会计师实施风险评估程序获取的审计证据为其在许多关键环节做出职业判断提供了重要基础

  C.注册会计师实施的风险评估程序仅用于计划审计工作阶段

  D.注册会计师实施的风险评估程序贯穿于整个审计过程

  9.（   ）是指注册会计师在风险评估后，通过采取必要的应对措施或程序来应对

评估的重大错报风险，以将审计风险降至可接受的低水平。

  A.风险评估   B.风险应对   C.控制测试   D.实质性程序

10.（　　）通常更适用于在一段时间内存在可预期关系的大量交易。

  A.细节测试   B.实质性分析程序

  C.控制测试   D.实质性程序

二、多项选择题

1.下列说法中，正确的有（　　）。

  A.1844年—20世纪初，审计目标是查找会计凭证、账簿和财务报表的错误和舞弊，保护企业资产的安全和完整

  B.20世纪初—20世纪30年代，审计目标是通过对资产负债表所有数据的检查，判断企业财务状况和偿债能力

  C.20世纪初—20世纪30年代，审计目标是对财务报表的合法性、公允性、有效性等发表审计意见

  D.20世纪30年代以后，审计目标是对财务报表的合法性、公允性、有效性等发表审计意见

2.下列关于注册会计师财务报表审计总目标的说法中，恰当的有（　　）。

  A.合理保证财务报表整体不存在错报和舞弊

  B.合理保证财务报表整体不存在重大错报

  C.出具审计报告，并与相关行业监管部门沟通

  D.出具审计报告，并与管理层和治理层沟通

3.注册会计师对财务报表审计是对（　　）方面发表审计意见。

  A.财务报表是否不存在重大错报

  B.财务报表是否按照适用的会计准则和相关会计制度的规定编制

  C.财务报表是否反映了管理层的判断和决策

  D.财务报表是否在所有重大方面公允反映被审计单位的财务状况、经营成果和现金流量

4.管理层和治理层认可的与财务报表相关的责任包括（　　）。

  A.按照适用的财务报告编制基础编制财务报表，并使其实现公允反映（如适用）

  B.设计、执行和维护必要的内部控制，以使财务报表不存在由于舞弊或错误导致的重大错报

  C.允许注册会计师接触与编制财务报表相关的所有信息（如记录、文件和其他事项）

  D.允许注册会计师在获取审计证据时不受限制地接触其认为必要的内部人员和相关人员

5.下列说法中，正确的有（　　）。

  A.管理层和治理层对编制财务报表承担完全责任

  B.对财务报表发表审计意见是注册会计师的责任

C.财务报表审计可以减轻被审计单位管理层和治理层的责任

D.注册会计师执行审计工作的前提是管理层和治理层认可并理解其应当承担的责任

6.对2019年12月31日清丰公司期末存货100万元有以下4种"明确或隐含的表达"，其中正确的有（　　　）。

A.明确地表达资产中所记录的存货100万元是存在的，没有虚假

B.明确地表达资产中所记录的存货是100万元，不多也不少

C.隐含地表达资产中应当记录的100万元存货均已记录，没有漏记

D.隐含地表达资产中记录的存货100万元均由其拥有，没有被抵押

7.关于所审计期间各类交易、事项及相关披露的认定的具体审计目标有（　　　）。

A.分类　　　　　　　B.完整性　　　　　　　C.存在　　　　　　　D.准确性

8.注册会计师在审计清丰公司财务报表中的存货项目时，能根据计价和分摊认定推论得出的审计目标有（　　　）。

A.确认存货账面数量与实物数量相符，金额的计算正确

B.当存货成本高于可变现净值时，已依据可变现净值调整

C.确认年末存货是否抵押

D.年末存货计价方法由个别认定法改为先进先出法，已确认方法变更对当期利润的影响

9.审计模式的发展先后经历了（　　　）。

A.账项基础审计　　　　　　　　　　B.制度基础审计

C.程序基础审计　　　　　　　　　　D.风险导向审计

10.审计过程，是指审计工作从开始到结束的整个过程，大致可以分为（　　　）阶段。

A.接受业务委托　　　　　　　　　　B.计划审计工作

C.实施审计工作　　　　　　　　　　D.终结审计工作

三、判断题

1.自诞生以来，审计主要经历了利润表审计、资产负债表审计和财务报表审计三个阶段。（　　　）

2.审计具体目标是审计总目标的进一步具体化，根据注册会计师审计总目标和被审计单位管理层认定来确定。（　　　）

3.管理层认定分为两个层次：关于所审计期间各类交易、事项及相关披露的认定、关于期末账户余额及相关披露的认定。（　　　）

4.比较价格清单与发票上的价格、发货单与销售订购单上的数量是否一致，重新计算发票上的金额，是为了实现完整性目标。（　　　）

5."存在"或"发生"认定与资产负债表和利润表的组成要素都相关，"完整性"认定却只与资产负债表的组成要素相关。（　　　）

6.审计模式规定了获取审计证据工作的切入点，规定了注册会计师在实施审计工作时，从何处入手、如何入手、何时入手等问题。（　　　）

7.风险评估程序和实质性程序是每次财务报表审计都应实施的必要程序,而控制测试则不是。 ( )

8.计划审计阶段制订的方案和计划不可以在实施阶段进行修改调整。 ( )

9.审计风险主要来源于企业财务报告的重大错报风险,而错报风险主要来源于整个企业的经营风险和舞弊风险。 ( )

10.实施审计工作包括实施控制测试和实施实质性程序两个部分。 ( )

四、案例题

1.资料:天诚正信会计师事务所正在对清丰公司进行审计,注册会计师李祥龙担任外勤负责人,并将签署审计报告。经过风险评估,李祥龙确定应收账款项目为重点审计领域。

要求:假定表1-1中的具体审计目标已经被注册会计师李祥龙选定,李祥龙应当确定的与各具体审计目标最相关的认定和最恰当的审计程序分别是什么?(根据表后列示的相关认定及审计程序,分别选择一项,并将选择结果的编号填入给定的表格中。对每项相关认定和审计程序可以选择一次、多次或不选)

表1-1　　　　　　　　具体审计目标最相关的认定和最恰当的审计程序

相关认定	具体审计目标	审计程序
	记录的应收账款的权利属于被审计单位	
	已存在的应收账款均已记录	
	已按账面价值与可回收金额孰低法调整期末的价值	
	记录的应收账款确实存在	
	应收账款计提的减值方法已在财务报告中恰当披露	

相关认定:(1)完整性;(2)存在;(3)分类;(4)权利和义务;(5)准确性、计价和分摊。

审计程序:A.重新计算应收账款的账面价值;B.检查财务报告;C.在检查应收账款时,对一些账户函证;D.选择一定样本量的销售会计记录,检查支持记录的销售合同和发票;E.从赊销发货单、销售发票检查至相应的会计记录。

2.资料:注册会计师李祥龙依据各类交易、账户余额和披露的相关认定确定审计目标,根据审计目标设计审计程序。表1-2给出了应收账款的相关认定。

表1-2　　　　　　　　应收账款的相关认定

应收账款的相关认定	审计目标	审计程序
存在		
完整性		
准确性、计价和分摊		

要求：请根据表1-2中给出的应收账款的相关认定确定审计目标，并针对每一审计目标简要设计两项审计程序。

任务4　掌握注册会计师的主要审计工具和手段

一、单项选择题

1.仔细地审查和翻阅凭证、账簿和报表以及计划、预算、决策方案、合同等书面资料，借以查明资料及经济业务的公允性、正确性、合法性、合规性，从中发现错弊或疑点，收集书面证据的审查方法是（　　）。

A.审阅法　　　　B.核对法　　　　C.查询法　　　　D.查账法

2.（　　）是指对凭证、账簿和报表等书面资料的有关数据进行相互对照检查，借以查明证证、账证、账账、账表、表表之间是否相符，从而取得有无错弊的书面证据的一种复核查对的方法。

A.审阅法　　　　B.核对法　　　　C.查询法　　　　D.查账法

3.（　　）是指注册会计师对审计过程中所发现的疑点和问题，通过向被审计单位内外有关人员调查和询问，弄清事实真相并取得审计证据的一种方法。

A.审阅法　　　　B.核对法　　　　C.查询法　　　　D.查账法

4.注册会计师执行财务报表审计业务获取的下列审计证据中，可靠性最强的是（　　）。

A.会议的同步书面记录　　　　　　B.应收账款函证的回函

C.采购订货单副本　　　　　　　　D.销售发票

5.为证实清丰公司所记录的资产是否均由清丰公司拥有或控制，记录的负债是否均为清丰公司应当履行的偿还义务，注册会计师采用（　　）程序能够获取充分、适当的审计证据。

A.检查有形资产　　　　　　　　　B.询问

C.重新执行　　　　　　　　　　　D.检查文件或记录

6.为证实材料的真实数量，注册会计师应采用（　　）。

A.盘点法　　　　B.调节法　　　　C.观察法　　　　D.鉴定法

7.审查银行存款实存数时，通常对企业与开户银行双方所发生的"未达账项"进行增减调节，以便根据银行对账单的余额来验证银行存款账户的余额是否正确，这种审计方法称为（　　）。

A.盘点法　　　　B.调节法　　　　C.观察法　　　　D.鉴定法

8.审计证据的相关性是指审计证据应当与（　　）相关。

A.审计目标　　　B.总体目标　　　C.具体目标　　　D.最终目标

9.（　　）是审计证据的主要部分，其数量多、来源广。

A.实物证据　　　B.书面证据　　　C.口头证据　　　D.环境证据

10.通过观察法取得的审计证据主要是（　　　）。

  A.实物证据　　　　　　B.环境证据　　　　　　C.言辞证据　　　　　　D.书面证据

11.注册会计师在对清丰公司财务报表审计的过程中，获取下列证据，其中可靠性最强的是（　　　）。

  A.清丰公司连续编号的发运单

  B.清丰公司会计信息系统自动生成的应收账款明细账

  C.清丰公司编制的连续编号的销售发票

  D.向清丰公司债务人发出的应收账款询证函的回函

12.下列有关审计证据的表述中，不正确的是（　　　）。

  A.被审计单位财务报表的重大错报风险越高，对审计证据的要求也越高

  B.注册会计师在获取审计证据时，应当首先考虑获取审计证据的成本

  C.如果注册会计师从不同来源获取的不同审计证据相互矛盾，注册会计师应当追
   加必要的审计程序

  D.注册会计师获取的审计证据质量越高，需要的审计证据数量可能越少

13.（　　　）是记录审计工作的载体。

  A.审计证据　　　　B.财务报表　　　　C.审计档案　　　　D.审计工作底稿

14.（　　　）是指注册会计师在审计实施阶段为执行具体审计程序所形成的审计工作底稿，主要包括注册会计师对某一审计循环或审计项目所做控制测试或实质性测试程序的记录和资料。

  A.综合类工作底稿　　　　　　　　　B.业务类工作底稿

  C.备查类工作底稿　　　　　　　　　D.询问类工作底稿

15.（　　　）一般由项目负责人在外勤工作阶段进行，对审计助理完成的审计工作底稿逐张复核，对发现的问题及时指出并督促其修改和完善。

  A.详细复核　　　　B.一般复核　　　　C.重大复核　　　　D.重点复核

16.（　　　）一般由具备较高的专业素养和比较丰富的审计经验的部门经理来进行，是对重要会计账项的审计、重要审计程序的执行以及审计调整事项等进行的复核，是对重要审计事项的把关。

  A.详细复核　　　　　B.一般复核　　　　　C.重大复核　　　　　D.重点复核

17.（　　　）一般由主任会计师或其指定代理人来进行，是对审计过程中的重大会计审计问题、重大审计调整事项及重要的审计工作底稿进行的复核，是对整个审计项目质量的重点把握。

  A.详细复核　　　　　B.一般复核　　　　　C.重大复核　　　　　D.重点复核

18.注册会计师应当按照会计师事务所质量控制政策和程序的规定，及时将审计工作底稿归档。审计工作底稿的归档期限为审计报告日后（　　　）天内。

  A.15　　　　　　　　B.30　　　　　　　　C.45　　　　　　　　D.60

19.审计工作底稿的所有权属于（　　　）。

  A.委托人　　　　　B.会计师事务所　　　C.被审计单位　　　D.注册会计师

20.对当期档案，审计机构应当自审计报告签发之日起，至少保存（　　　）年以上。

A.5 B.8 C.10 D.15

二、多项选择题

1.审计方法的选用，应当（ ）。

    A.适应审计的目的 B.适合审计方式

    C.联系被审计单位的实际 D.根据注册会计师的意愿自由地选用

2.用审查书面资料的方法审查的对象主要包括（ ）。

    A.会计凭证 B.会计账簿 C.实物资产 D.财务报表

3.下列各项属于查询法的有（ ）。

    A.面询 B.审阅 C.核对 D.函询

4.分析法按其分析的技术分类，可以分为（ ）。

    A.比较分析法 B.比率分析法 C.账户分析法 D.因素分析法

5.顺查法的最大优点有（ ）。

    A.系统 B.全面 C.效率高 D.可以避免遗漏

6.审查书面资料的方法按数量可以分为（ ）。

    A.详查法 B.抽查法 C.顺查法 D.逆查法

7.证实客观事物的方法包括（ ）。

    A.盘点法 B.调节法 C.观察法 D.鉴定法

8.盘点法按其组织方式，分为（ ）两种。

    A.鉴定法 B.直接盘点 C.调节法 D.监督盘点

9.观察法是指注册会计师进入被审计单位后，对于（ ），亲临现场进行实地观察、检查。

    A.生产经营管理工作的进行 B.财产物资的保管

    C.内部控制系统的执行 D.企业的组织结构

10.审计证据按照其外形特征可以分为（ ）。

    A.实物证据 B.书面证据 C.口头证据 D.环境证据

11.下列各项中，属于审计证据的特性的有（ ）。

    A.充分性 B.重要性 C.恰当性 D.时效性

12.下列各项应归入永久性档案管理的有（ ）。

    A.控制测试工作底稿 B.审计计划

    C.审计调整分录 D.审计报告副本

13.进行控制测试一般可以采用的方法有（ ）。

    A.检查有形资产 B.重新执行

    C.观察 D.询问

14.下列情形应增加所需审计证据的数量的有（ ）。

    A.审计项目很重要

    B.注册会计师将检查风险水平确定得很低

    C.审计过程中已经发现被审计事项存在错误

D.审计项目的大多数证据来源于被审计单位外部

15.下列有关审计证据的表述中，不正确的有（   ）。

A.经过注册会计师检查的文件记录均应视为非常可靠的证据

B.检查有形资产不仅能够证明实物资产的存在，还能证明其归被审计单位所有

C.观察提供的审计证据只能证明在观察发生的时点的情况

D.注册会计师仅通过询问程序也能证明被审计单位内部控制运行的有效性

16.审计工作底稿一般分为（   ）。

A.综合类工作底稿　　　　　　　　　B.业务类工作底稿

C.备查类工作底稿　　　　　　　　　D.询问类工作底稿

17.审计工作底稿的形成方式有（   ）。

A.函证　　　　　　B.编制　　　　　　C.取得　　　　　　D.观察

18.会计师事务所一般应当建立的三级复核制度包括（   ）。

A.详细复核　　　　B.一般复核　　　　C.重大复核　　　　D.重点复核

19.审计工作底稿复核的主要内容包括（   ）。

A.所引用的有关资料是否可靠　　　　B.所获取的审计证据是否充分

C.审计程序和审计方法是否恰当　　　D.审计结论是否正确

20.在实务中，审计档案可以分为（   ）。

A.一般档案　　　　B.重点档案　　　　C.永久性档案　　　D.当期档案

三、判断题

1.审查书面资料的方法，按审查书面资料的技术可分为审阅法、核对法、查询法、比较法和分析法。　　　　　　　　　　　　　　　　　　　　　　　　　（   ）

2.对原始凭证的审阅，只需看原始凭证上反映的经济业务是否符合规定。（   ）

3.审阅法在财务报表审计中的运用最为广泛，主要是审阅会计凭证、会计账簿和财务报表。　　　　　　　　　　　　　　　　　　　　　　　　　　　　　　（   ）

4.核对法是指将被审计单位的被审计项目的书面资料同相关的标准进行比较，确定它们之间的差异，经过分析从中发现问题进而取得审计证据的一种方法。　（   ）

5.比较法大多通过有关指标进行比较，包括指标绝对数比较和相对数比较。　　　　　　　　　　　　　　　　　　　　　　　　　　　　　　　　　　（   ）

6.顺查法又称为正查法，是按照会计核算的处理顺序，依次对证、账、表各个环节进行检查核对的一种方法。　　　　　　　　　　　　　　　　　　　　　（   ）

7.详查法的主要优点是能全面查清被审计单位所存在的问题，特别是对弄虚作假、营私舞弊等违反财经法纪行为，一般不易疏漏，以保证审计质量。　　　　（   ）

8.对于发生频率较低的舞弊行为采用抽查法比较好。　　　　　　　　（   ）

9.监督盘点一般用于数量较大的实物，如存货、厂房、机器设备等。　（   ）

10.应用观察法时，不需要与其他审计方法结合就能取得很好的效果。（   ）

11.由于注册会计师实施的审计程序的性质不同，其工作底稿的格式、要素和范围可能也会不同。　　　　　　　　　　　　　　　　　　　　　　　　　　　（   ）

12.审计证据的适当性是指审计证据的数量足以证明注册会计师的审计意见，是注册会计师为形成审计意见所需审计证据的最低数量要求。　　　　　　　　（　　）

13.审计工作底稿的三级复核制度，就是审计机构制定的以主任会计师、部门经理和项目经理（项目负责人）为复核人，对审计工作底稿进行逐级复核的一种复核制度。　　　　　　　　　　　　　　　　　　　　　　　　　　（　　）

14.一般而言，内部证据不如外部证据可靠，但已经获得第三者确认的内部证据，则具有较强的可靠性。　　　　　　　　　　　　　　　　　　　　　（　　）

15.在终结审计阶段，注册会计师不需要编制审计工作底稿。　　　　（　　）

16.业务类工作底稿主要包括审计业务约定书、审计计划、审计总结、未审计财务报表、试算平衡表等记录和资料。　　　　　　　　　　　　　　　　（　　）

17.审计过程记录是对注册会计师的审计轨迹与专业判断的记录。　　（　　）

18.对于自行编制的审计工作底稿，应当全面记录审计计划的执行轨迹、审计证据的收集过程、职业判断的依据及过程、审计意见的形成过程等。　　　　（　　）

19.除充分运用约定俗成的审计标识外，对于被审计单位名称、审计程序、审计结论以及编制者（复核者）姓名等要素均不可采用适当的审计标识以尽量减少书写量。　　　　　　　　　　　　　　　　　　　　　　　　　　（　　）

20.永久性档案包括业务类工作底稿中除相关控制测试工作底稿外的其他部分和综合类工作底稿中除审计报告、管理建议书外的其他部分。　　　　　　（　　）

四、案例题

1.资料：注册会计师受托对清丰公司2019年12月在产品成本进行审查，该公司按约当产量法计算在产品成本。注册会计师审阅基本生产成本明细账时，发现月初在产品成本为239 040元，本月发生费用788 400元。清丰公司本月完工产品480台，月末在产品为240台，完工率为50%。经查实，本月账面在产品实际成本为479 880元，本月完工产品成本已经结转。

要求：说明注册会计师应该采用的审计方法。

2.资料：清丰公司生产甲产品，A材料一次性投入，逐步消耗，每投入100千克A材料可以生产出甲产品100千克。2019年12月31日，该公司对在产品和产成品进行了盘点，盘点结果为：在产品结存2 100千克，加工程度50%；产成品结存4 800千克。期末在产品和产成品账面记录与盘点数一致。2020年2月2日，注册会计师受托对该公司进行财务报表审计。当日，注册会计师对在产品和产成品进行了盘点，盘点结果为：在产品盘存2 000千克，加工程度50%；产成品盘存5 000千克。其他有关资料如下：2020年1月1日至2月2日，领料单记录生产领用A材料5 000千克；产成品交库单记录甲产品入库数4 000千克；产品发货单记录甲产品出库数4 500千克。

要求：运用调节法验证2019年12月31日有关会计资料的准确性。

3.资料：注册会计师李祥龙对清丰公司存货项目的相关内部控制制度进行分析评价后，发现该公司存在下列情况：

（1）库存现金未经认真盘点。

（2）接近资产负债表日前入库的甲产品已计入存货，但可能未进行相关的会计记录。

（3）由正航公司代管的 A 材料可能并不存在。

（4）大海公司存放在清丰公司仓库的 B 材料可能已计入清丰公司的存货。

（5）本次审计为清丰公司成立以来的首次审计。

要求：请根据上述情况分别指出其各自的审计程序、审计目标和应收集哪些审计证据，完成表1-3。

表 1-3　　　　　清丰公司相关情况的审计程序、审计目标和审计证据

序号	审计程序	审计目标	审计证据类型
（1）			
（2）			
（3）			
（4）			
（5）			

4.资料：注册会计师在对清丰公司 2019 年度财务报表审计的过程中，收集到下列审计证据：（1）销售发票副本与购货发票；（2）审计助理盘点存货的记录与客户自编的存货盘点表；（3）注册会计师收回的应收账款函证回函与询问被审计单位应收账款负责人的记录；（4）银行存款余额调节表与银行对账单。

要求：请分别说明，每组审计证据中的哪项审计证据更为可靠？为什么？

5.资料：注册会计师冯海霞负责对清丰公司 2018 年度财务报表进行审计，与审计工作底稿相关的部分事项如下：

（1）由于在审计过程中识别出重大错报并提出审计调整建议，冯海霞重新评估并修改了重要性，并将记录计划阶段评估的重要性的工作底稿删除，代之以记录重新评估的重要性的工作底稿。

（2）对于需要系统抽样的审计程序，冯海霞通过记录样本的来源来识别已选取的样本。

（3）冯海霞在审计过程中无法就关联方关系及交易获取充分、适当的审计证据，并因此出具了保留意见审计报告。冯海霞将该事项作为重大事项记录在审计工作底稿中。

（4）2019 年 5 月 20 日，冯海霞意识到清丰公司存在舞弊行为，私下修改了部分审计工作底稿，并没有做任何记录。

（5）2019 年 7 月 1 日，清丰公司财务舞弊案件曝光，冯海霞擅自销毁了清丰公司审计工作底稿。

要求：针对上述事项，逐项指出冯海霞的做法是否恰当。如不恰当，简要说明理由。

综合训练

（一）

资料：注册会计师通常依据各类交易、账户余额和披露的相关认定确定审计目标，根据审计目标设计审计程序。表1-4给出了采购交易的审计目标，并列示了部分审计程序。

表1-4　　　　　　　采购交易的审计目标及部分审计程序

（1）审计目标	A.所记录的采购交易已发生，且与被审计单位有关 B.所有应当记录的采购交易均已记录 C.与采购交易有关的金额及其他数据已恰当记录 D.采购交易已记录于恰当的账户 E.采购交易已记录于正确的会计期间
（2）审计程序	F.将采购明细账中记录的交易同购货发票、验收单和其他证明文件比较 G.根据购货发票反映的内容，比较会计科目表上的分类 H.从购货发票追查至采购明细账 I.从验收单追查至采购明细账 J.将验收单和购货发票上的日期与采购明细账中的日期进行比较 K.检查购货发票、验收单、订货单和请购单的合理性和真实性 L.追查存货的采购至存货永续盘存记录

要求：请根据题中给出的审计目标，指出对应的相关认定；针对每一个审计目标，选择相应的审计程序（一项审计程序可能对应一项或多项审计目标，每一审计目标可能选择一项或多项审计程序）。请将财务报表相关认定及选择的审计程序字母序号填入表1-5中。

表1-5　　　　　　　财务报表相关认定及选择的审计程序

相关认定	审计目标	审计程序
	A.所记录的采购交易和事项已发生，且与被审计单位有关	
	B.所有应当记录的采购交易均已记录	
	C.与采购交易有关的金额及其他数据已恰当记录	
	D.采购交易和事项已记录于恰当的账户	
	E.采购交易已记录于正确的会计期间	

（二）

资料：注册会计师在对清丰公司2019年度财务报表进行审计时，发现该公司可能存在下列导致错误的情况：

（1）已列入存货的委托清丰公司代销的商品可能并不存在。

（2）期末存货的盘点可能存在较大的差错。

（3）当年对应收款项所提的坏账准备可能不正确。

（4）可能存在未入账的应付账款。

要求：填制管理层认定、审计程序和审计证据的种类（见表1-6）。

表1-6　　　　　管理层认定、审计程序和审计证据的种类

管理层认定	审计程序	审计证据的种类

（三）

资料：表1-7列示了长期股权投资、应收账款和固定资产项目的若干需要注册会计师证明的管理层认定及可能实施的主要审计程序。

表1-7　　　　　审计项目的管理层认定和审计程序

审计项目	管理层认定	审计程序
长期股权投资	（1）存在 （2）准确性、计价和分摊 （3）分类	（A）检查对长期投资与交易性金融资产在分类上的相互划转已进行正确的会计处理 （B）抽查投资交易记录原始凭证，证实有关凭证是否已预先编号 （C）确定对投资价格的任何波动已进行恰当的会计处理 （D）函证资产负债表日被托管的所有有价证券 （E）确定负责转让有价证券的职员没有接触现金、银行存款记录 （F）将长期股权投资项目各明细账期初余额与上年度审计工作底稿核对
应收账款	（4）完整性 （5）准确性、计价和分摊 （6）权利和义务	（A）实施销售截止测试，确定销售业务和相应的存货及销售成本记录在恰当的会计期间 （B）按计提坏账准备的范围、标准测算已计提坏账准备是否充分、并提请调整大额差异 （C）检查货运文件是否连续编号 （D）复核所有贷款协议，确定应收账款是否已作抵押 （E）检查销售退回和折让是否附有按顺序编号并经主管人员核准的贷项通知单
固定资产	（7）权利和义务 （8）存在 （9）准确性、计价和分摊	（A）将固定资产明细账期初余额与上年度审计工作底稿核对 （B）复核折旧费用的计提，并确定固定资产有效使用年限及折旧方法同以前年度一致 （C）审查固定资产契约和保险单据 （D）实施截止测试，证实固定资产维修费用已计入恰当的会计期间 （E）实地检查所有主要的机器设备

要求：请根据每一项目认定的含义选出一项最佳审计程序，将其相应的编号列在表内，每一项审计程序最多只能被选择一次。

（四）

资料：清丰公司2019年度应收账款的编号为0001至5000，注册会计师拟利用随机数表选择其中的175份进行函证，随机数表见表1-8。

表1-8　　　　　　　　　　　　　　随机数表

	1	2	3	4	5
1	04734	39426	19035	54939	76873
2	10417	19688	83404	42038	48220
3	07514	48374	35658	38971	53779
4	52305	86925	10223	25946	90222
5	96357	11486	30102	82679	57983
6	92870	05921	65698	27933	86406
7	00500	75924	33803	05286	10072
8	34826	93784	52709	15370	96727
9	25809	21860	36790	76833	20435
10	77487	38419	20631	48694	12638

要求：

（1）以第2行、第1列数字为起点，自左往右，以各数的后4位数为准，注册会计师选择的最初5个样本的号码分别是多少？

（2）以第4行、第2列数字为起点，自上到下，以各数的前4位为准，注册会计师选择的最初5个样本的号码分别是多少？

（五）

资料：注册会计师对清丰公司的领料单进行审查，领料单编号为001至800。注册会计师决定用系统抽样法抽取160张领料单进行审查。

要求：

（1）计算抽样间隔。

（2）假设随机起点为004，则依次抽取的10张领料单的号码分别是多少？

（六）

资料：注册会计师对清丰公司进行审计时，列举的该公司的应收账款明细表资料见表1-9。

表1-9　　　　　　　　　　　　应收账款明细表

单位名称	金额（元）	账龄	备注
A公司	2 680 000	3年	
B公司	137 000	1年内	
C公司	5 900	2年	清丰公司的子公司
D公司	64 000	1.5年	因产品质量问题发生纠纷
E公司	398 000	2.5年	

要求：请指出注册会计师应选择的函证对象，并说明理由。

（七）

资料：注册会计师在对清丰公司2019年度财务报表进行审计时，可采用不同的审计方法获取充分、适当的审计证据。

要求：

（1）请问注册会计师获取审计证据的审计方法有哪些？

（2）请问审计证据按其外形特征可分为哪几类？

（3）请将不同的审计方法所能获取的不同外形特征的审计证据填入表1-10。

表1-10　　　　　　　　　　审计方法和审计证据

审计方法	审计证据	审计方法	审计证据
检查记录或文件		函证	
检查有形资产		重新计算	
观察		重新执行	
询问		分析程序	

（八）

资料：天诚正信会计师事务所对清丰公司进行审计时发现该公司内部控制制度非常不健全。注册会计师获取了以下审计证据：

（1）被审计单位编制的各种试算表和汇总表。

（2）注册会计师在监督库存现金盘点时所取得的库存现金盘点表。

（3）直接寄给注册会计师的应收账款询证函的回函。

（4）被审计单位经理提供的"一切负债均已入账"的声明书。

（5）注册会计师实施分析程序后所做的各种计算表、分析表。

（6）被审计单位的销售通知单。

要求：根据以上背景材料，分别判断注册会计师是否可依赖上述审计证据，并分别说明理由。

（九）

资料：天诚正信会计师事务所受托对清丰公司2019年度财务报表进行审计，事务所成立了由注册会计师冯海霞担任组长的审计项目组。审计项目组直接来到清丰公司的财务部，由组长分工并立即从财务报表入手进行实质性审计程序。半个月后，冯海霞抽查了几份工作底稿，汇总审查出的主要问题并向清丰公司提交了审计报告。

要求：指出上述审计程序中的不妥之处。

（十）

资料：注册会计师已经完成对清丰公司的审计外勤工作，在出具审计报告之前对审计过程中形成的工作底稿进行整理。

要求：请将注册会计师搜集到的清丰公司资料及编制的审计工作底稿进行归类并填入表1-11。

表1-11　　　　　　　　　审计工作底稿和审计档案分类

工作底稿名称	工作底稿类别	审计档案分类
被审计单位营业执照副本复印件		
客户基本情况表		
审计业务约定书		
应收账款函证结果汇总表		
应付职工薪酬审定表		
股东大会记录		
库存现金监盘表		
试算平衡表		
审计差异调整表		

案例分析

（一）

资料：18世纪初，随着大英帝国殖民主义的扩张，海外贸易有了很大发展。1710年，南海股份有限公司（以下简称"南海公司"）成立，从事盈利前景诱人的殖民地贸易。南海公司经过近10年的惨淡经营，表现平平。1719年，该公司的董事们开始对外散布各种所谓的公司利好消息，称公司在年底将有大量利润可实现，并预计在1720年圣诞节按公司面值的60%支付股利。之后，南海公司的股票价格节节攀升，到1720年7月，股票价格已高达1 050英镑。随着南海公司股票价格的扶摇直上，一场投机浪潮席卷英国。为了制止各类"泡沫公司"的膨胀，英国议会通过了《泡沫公司取缔法》。自此，许多公司被解散，南海公司也难逃破产倒闭的厄运，使股东和债权人损失惨重。

为了平息南海公司所引发的经济恐慌，1720年9月，英国议会聘请会计师查尔斯·斯耐尔对南海公司进行审计。斯耐尔以"会计师"的名义提交了"查账报告书"，从而宣告了独立会计师——注册会计师的诞生。南海公司的舞弊案例被列为世界上第一起比较正式的注册会计师审计案例，在世界审计史上具有里程碑式的影响。

要求：结合该案例，说明近代审计产生的客观基础。

（二）

资料：2002年10月17日，"锦州港"（锦州港务股份有限公司）突然停牌。该公司于1998年5月19日在上海证券交易所上市B股，代码900952，简称"锦港B股"；并于1999年6月7日在上海证券交易所上市A股，代码600190，简称"锦州港"。2002年10月22日，"锦州港"在紧急停牌3天后公布公告，承认2000年之前虚增了公司业绩和资产。原来，财政部于2001年9月至12月对"锦州港"2002年及以前年度执行《中华人民共和国会计法》情况进行核查时发现："锦州港"在2000年及以前年度多确认收入36 717万元；公司还将应计入财务费用的利息支出予以资本化，少记财务费用4 945万元；同时，由于工程完工转入固定资产不及时，折旧计提起始月份不准确，及港口设施、设备资产分类不适当等导致2000年度少记提折旧780万元，相应地少记主营业务成本等780万元；此外，公司对在建工程确认不准确，1998年至2000年多列资产11 939万元，实际虚增资产约43 803万元。财政部要求其对不符合《中华人民共和国会计法》和企业会计制度的行为限期整改，予以纠正，同时处以罚款10万元。2002年10月28日，"锦州港"公布了整改报告，对2000年及以前年度会计报告进行了追溯调整，并对2002年第三季度报告进行更正，净资产由原来的14.51亿元变为10.58亿元，每股净资产为1.12元，净利润为3 474万元。2003年1月"锦州港"成立了会计核算清理整改特别工作组，在前次会计整改的基础上又对1994—2000年度的会计核算情况进行了彻底清查。根据自查结果，"锦州港"仍存在虚增资产与收入的情况。2003年2月11日，"锦州港"在前次初步整改的基础上，再次对以前年度会计核算情况进行彻底清理整改：调减1998—2000年度虚增收入约985万元；调减虚列账面货币资金约3 858万元；调减虚列在建工程约814万元；调整1997年及以前年度应计入费用或损失而计入其他应收款约2 348万元，计入公司的净资产中；调整以虚增货币资金冲减的其他应收款约3 687万元。进行这些调整使公司净资产减少8 846多万元。"锦州港"二次调账后已经徘徊在ST边缘，公司净资产减少至9.5亿多元，每股净资产降到1.01元。

"锦州港"的境内审计由毕马威华振会计师事务所完成，境外审计由毕马威香港会计师行完成，历年均被毕马威出具标准无保留意见审计报告。毕马威具有百年历史，是全球第三大会计师事务所，它于1983年在北京建立国内第一家办事处，1992年成立国内第一家中外合作会计师事务所，现有中国员工1 000多人，2002年度从中国上市公司中（A股、B股）取得了2 000余万元的年度审计收入，名列"四大"之首。毕马威因为涉嫌在"锦州港"虚假陈述案中负有连带责任，成为"四大"在中国被投资者起诉的第一家会计师事务所。上海股民徐倩以北京毕马威华振会计师事务所和毕马威香港会计师行等为被告，提出民事诉讼，索赔15 587.94元人民币。原因是，徐倩根据信息披露先后购买了"锦港B股"股票2 000股，"锦港B股"的虚假陈述导致其投资损失合计1 880.33美元，折合人民币15 587.94元。

其实，在此之前，毕马威也遭到过黄牌警告。中国石油化工股份有限公司河南石油分公司的财务报表主要项目有失真数据，虚增利润3 000多万元，承办审计业务的毕马威会计师事务所未单独出具审计报告；广西玉柴机器股份有限公司会计数据严重失真，虚减利润1 600多万元，承办审计业务的毕马威会计师事务所也出具了无保留意见审计报告。毕马威会计师事务所为此已经受到过财政部的通报批评。2002年10月22日，"锦州港"受到财政部查处，虽然处罚手段比较温和，认定也留有很大的余地。但是，"锦州港"的问题无论是从性质上看还是从金额上看都是很严重的，这让毕马威在中国的审计业务"翻了船"，成为第一个被起诉要求承担审计责任的国际大所，而且毕马威因此陷入避税调查的漩涡长达三年之久，声誉受到很大影响。

要求："锦州港"的审计工作一直由毕马威来承担，毕马威以其审计的经验和素质不可能对"锦州港"的造假一无所知。对于训练有素的"四大"审计人员来说，固定资产既然是港口的主要资产，审计人员是不应该放弃这些存在重大错报风险的重灾区的。基于毕马威的审计程序的设计和人员素质，这些造假行为是应该能被发现的。请阅读资料后分析"锦州港"审计失败的原因在哪？

（三）

资料：1938年，美国纽约州的麦克森·罗宾斯药材公司（简称"罗宾斯药材公司"）突然宣布倒闭。在经济萧条时期，股份公司的倒闭本来习以为常。然而，该公司的倒闭却使得"报刊以耸人听闻的手法来对待这件案子"，原因是该案涉及审计程序中的一系列问题。

1938年年初，长期贷款给罗宾斯药材公司的汤普森公司在审核罗宾斯药材公司财务报表时发现两个疑问：（1）罗宾斯药材公司中的制药原料部门原是个盈利率较高的部门，但该部门却一反常态地没有现金积累，而且流动资金亦未增加。相反，该部门还不得不依靠公司管理者重新调集资金来进行再投资，以维持生产。（2）公司董事会曾开会决议，要求公司减少存货金额。但到1938年年底，公司存货反而增加了100万美元。汤普森公司立即表示，在没有查明这两个疑问之前，不再予以贷款，并请求官方协调控制证券市场的权威机构——纽约证券交易委员会调查此事。

纽约证券交易委员会在收到请求之后，立即组织有关人员进行调查。调查发现该公司在经营的十余年中，每年都聘请了美国著名的沃特豪斯会计师事务所对该公司的财务报表进行审计，而且审计人员每年都对该公司的财务状况及经营成果发表了"正确、适当"等无保留的审计意见。为了核实这些审计结论是否正确，调查人员对该公司1937年的财务状况与经营成果进行了重新审核。结果发现：1937年12月31日的合并资产负债表计有总资产8 700万美元，但其中的1 907.5万美元的资产是虚构的，包括存货虚构1 000万美元、销售收入虚构900万美元、银行存款虚构7.5万美元；在1937年年度合并利润表中，虚假的销售收入和毛利分别达到1 820万美元和180万美元。

在此基础上，调查人员对该公司经理的背景做了进一步调查，结果发现公司经理菲利普·科斯特及其同伙穆西卡等人，都是犯有前科的诈骗犯。他们都使用了假名，混入公司并爬上公司管理岗位。他们将亲信安插在掌管公司钱财的重要岗位上，并相互勾结、沆瀣一气，使他们的诈骗活动持续很久没能被人发现。

证券交易委员会将案情调查结果在听证会上一宣布，立即引起轩然大波。根据调查结果，罗宾斯药材公司的实际财务状况早已"资不抵债"，应立即宣布破产。而首当其冲的受损失者是汤普森公司，因它是罗宾斯药材公司的最大债权人。为此，汤普森公司起诉了沃特豪斯会计师事务所。汤普森公司认为其之所以给罗宾斯公司贷款，是因为信赖了会计师事务所出具的审计报告。因此，汤普森公司要求沃特豪斯会计师事务所赔偿其全部损失。

在听证会上，沃特豪斯会计师事务所拒绝了汤普森公司的赔偿要求。会计师事务所认为其执行的审计遵循了美国注册会计师协会在1936年颁布的《财务报表检查》中所规定的各项规则。罗宾斯药材公司的欺骗是由于部门经理共同串通合谋所致，审计人员对此不负任何责任。最后，在证券交易委员会的调解下，沃特豪斯会计师事务所以退回历年来收取的审计费用共50万美元作为对汤普森公司债权损失的赔偿。

要求：罗宾斯药材公司倒闭案件对审计工作产生了哪些影响？

（四）

资料：海南民源现代农业发展股份有限公司，简称"琼民源"。1993年4月，该公司的股票在深圳证券交易所上市交易。上市后的第二年，即1995年，"琼民源"每股收益不足1厘。然而，经过一番精心包装后，1997年1月，该公司率先公布1996年年报。年报上赫然显示：实现利润5.7亿元，资本公积增加6.57亿元。照此计算，公司1996年利润总额和净利润较1995年增长848倍和1 290倍。而对这种超常增长，公司解释说寻找到了新的利润增长点。

"琼民源"公司的有关人员在这一案件中难逃其责，而对"琼民源"年报进行审计的海南中华会计师事务所和出具资产评估报告的海南大正会计师事务所同样负有不可推卸的责任。面对"琼民源"1996年年报中利润和资本公积如此大幅度的增加，具有审计专业知识的注册会计师自然应该予以足够的注意，保持应有的职业谨慎。但事实是注册会计师不但没有这样做，相反，在众多投资者对资本公积、盈余公积、未分配利润等项目提出疑问的情况下，海南中华会计师事务所还站出来为"琼民源"公司辩称"报表的真实性不容置疑"。

对会计财务报表进行审计时，除了采用一般的检查、盘点、函证等取证方法外，还遵循最常用的分析程序。如果一旦出现异常变动情况，注册会计师就必须追踪审核，并掌握异常变动的根本原因及其证据，这是年报审计工作的基本常识。

海南中华会计师事务所的注册会计师为自己开脱辩称，"由于成本效益原则，注册会计师不可能对每一个项目都实施实质性程序"。

要求：海南中华会计师事务所的注册会计师为自己辩解的理由恰当吗？

（五）

资料：表1-12列示了注册会计师在审计清丰公司2019年度财务报表时所实施的部分审计程序。

要求：请指出每项审计程序在相应会计科目上所能实现的具体审计目标，并按具体审计目标与管理层认定的关系将具体审计目标、审计程序、会计科目列示于表1-12、表1-13中，并在表后按照审计程序的顺序简要说明所选审计目标、涉及会计科目的具体原因。（一项审计目标下最少应列示一项审计程序，最多可以列示不超过三项审计程序，而一项审计程序只能与一项审计目标相对应）

表1-12　　　　　　　　　　　　　　　　　审计程序

A.检查所耗用的直接材料中是否计入了非生产用的材料

B.检查长期待摊费用中有关大额项目受益期的证明文件，确认摊销是否合理

C.编制销售成本的倒轧表，与总账核对是否相符

D.结合负债类项目的审计，查明存货用作抵押、担保的情况

E.将存货余额与现有订单、次年初各月销售额、下年度的预测销售额进行比较

F.实地观察被审计单位对存货的盘点，并进行适当的抽点

G.向企业索取存货盘点前的最后一张货运文件、最后一张验收报告单

H.选择结存余额较大的存货项目，按照企业声称的计价方法对样本进行计价

I.查明年底前后的验收凭证及发货凭证的日期，与相应的发票日期进行对照

J.从存货明细账中选择大额购货业务的样本，追查至购货发票与验收报告单

K.从货运文件追查至销售发票及存货明细账

L.查明应付职工薪酬的计提及分配方法是否与上期一致

M.结合原材料的盘点，查明期末原材料购入业务中是否存在料到单未到的情况

表1-13　　　　　与管理层认定对应的审计目标、审计程序及会计科目

管理层认定	具体审计目标	与具体审计目标对应的审计程序及会计科目
存在或发生		
完整性		
权利和义务		
准确性、计价和分摊		
分类		
列报		

（六）

资料：注册会计师对清丰公司2019年度财务报表进行审计时，收集到以下6组证据：

（1）收料单与购货发票。

（2）销售发票副本与产品出库单。

（3）领料单与材料成本计算表。

（4）工资计算单与工资发放单。

（5）存货盘点表与存货监盘记录。

（6）银行询证函回函与银行对账单。

要求：请分别说明每组证据中，哪些审计证据较为可靠，并简要说明理由。

（七）

资料：审计人员在审查清丰公司2019年度主营业务收入的真实性、正确性时，审查了一张记账凭证，见表1-14。

表1-14

记账凭证

2020年1月2日 凭证第12号

摘要	会计科目	明细科目	借方金额	贷方金额
销售甲产品款项收妥入账	银行存款		12 204.00	
	主营业务收入	甲产品		10 800.00
	应交税费	应交增值税（销项税额）		1 404.00
合计			12 204.00	12 204.00

审核：王强　　　　记账：丁一　　　　制证：丁一　　　　出纳：柳威

该记账凭证附有3张单据（进账单、发票、出库单），其中：所附增值税专用发票见表1-15。

表1-15

增值税专用发票

此联不作报销、扣税凭证使用

开票日期：2019年12月30日 No 103100425

购货单位	名称：山东泉城百货公司 纳税人识别号：（略） 地址、电话：（略） 开户行及账号：（略）			密码区		（略）		
货物或应税劳务名称	规格型号	单位	数量	单价	金额	税率	税额
甲产品			1 000	10	10 000.00	13%	1 300.00
包装箱			100	8	800.00	13%	104.00
合计					10 800.00		1 404.00
价税合计（大写）	⊗壹万贰仟贰佰零肆元零角零分（小写）￥12 204.00						
销售单位	名称：清丰公司 纳税人识别号：（略） 地址、电话：（略） 开户行及账号：（略）			备注			

收款人：孙钢　　　　复核：　　　　开票人：李瑛　　　　销售单位：清丰公司

要求：请说明注册会计师应在审计中使用什么方法？

项目二

接受业务委托

任务1 拟接受业务委托

一、单项选择题

1.拟接受业务委托应当初步了解审计业务环境，只有在了解后认为符合胜任能力、（　　）和应有的关注等职业道德要求，并且拟承接的业务具备相关条件时，注册会计师才能将其作为审计业务予以承接。

　　A.诚信　　　　　　　B.独立性　　　　　　　C.保密　　　　　　　D.良好职业行为

2.在以下所列示的各种情形中，导致相关的注册会计师不能加入清丰公司2019年度财务报表审计项目组的是（　　）。

　　A.注册会计师任晓梅的弟弟持有清丰公司20万元的债券，在任晓梅加入清丰公司审计项目组前，任晓梅的弟弟将债券全部处置掉了

　　B.注册会计师张泽城的母亲3年前购入清丰公司股票5万元，现已售出

　　C.注册会计师王春红于2019年3月份曾任清丰公司财务总监

　　D.注册会计师丁晓东的哥哥自2020年1月起担任清丰公司总经理的行政秘书

3.天诚正信会计师事务所于2019年8月1日开始接受委托，承接清丰公司2019年度财务报表审计业务，在审计业务约定书中双方达成一致意见，约定审计报告出具时间是2020年3月5日。天诚正信会计师事务所于2020年3月5日提交了审计报告，则下列有关审计业务期间的起点至终点的时间节点恰当的是（　　）。

　　A.2019年8月1日至2020年3月5日　　　　B.2019年12月31日至2020年3月5日

　　C.2020年1月1日至2020年3月5日　　　　D.2019年1月1日至2020年3月5日

4.天诚正信会计师事务所于2019年12月1日开始接受委托对清丰公司2019年财务报表进行审计，双方约定2020年3月18日对2019年度财务报表出具审计报告并且决定在2020年9月1日后双方终止审计业务关系。天诚正信会计师事务所在审计清丰公司财务报表时，应保持独立性的期间是（　　）。

　　A.2019年12月1日至2020年3月18日

　　B.2019年1月1日至2020年3月18日

　　C.2019年1月1日至2020年9月1日

　　D.2019年12月1日至2020年9月1日

5.注册会计师在审计期间从被审计单位购买了大量的打折商品，以下说法正确的是（　　）。

　　A.注册会计师的行为将会因外在压力对独立性产生不利影响

　　B.注册会计师的行为是正常、公平的交易，不会对独立性产生不利影响

　　C.注册会计师的行为相当于变相收受审计客户的贿赂，对独立性产生了不利影响

　　D.注册会计师将会因自我评价对独立性产生不利影响

6.如果会计师事务所从某一审计客户收取的全部费用占其收入总额的比重很大，则

对该客户的依赖及对可能失去该客户的担心将产生（　　）导致的不利影响。

  A.自身利益   B.自我评价   C.过度推介   D.密切关系

  7.下列各项不影响会计师事务所独立性的是（　　）。

  A.会计师事务所的办公用房是从某被审计单位优惠租用的

  B.审计客户要求会计师事务所提供评估服务，以帮助其履行税务报告义务或达到
税务筹划目的，评估结果不对财务报表产生直接影响

  C.会计师事务所的一名注册会计师是某审计客户的独立董事

  D.会计师事务所为某上市公司提供财务报表审计服务的同时，还为其编制财务
报表

  8.如果会计师事务所、审计项目组成员或其主要近亲属在审计客户中拥有直接经济
利益或重大间接经济利益，将产生最直接的不利影响是（　　）。

  A.自身利益   B.自我评价   C.过度推介   D.密切关系

  9.下列各项中，属于注册会计师代行被审计单位管理层职责的是（　　）。

  A.沟通对会计准则或财务报表披露要求的运用

  B.解决账户调节问题

  C.沟通与财务报表相关的内部控制的有效性

  D.选择和运用恰当的会计政策

  10.下列不属于拟承接的业务应具备的条件的是（　　）。

  A.审计主体适当，且该业务具有合理的目的

  B.使用的标准适当且预期使用者能够获取该标准

  C.注册会计师能够获取充分、适当的证据以支持其结论

  D.注册会计师的结论以书面报告形式表述，且表达形式与所提供的保证程度相
匹配

二、多项选择题

  1.经营规模是根据企业（　　）等指标，结合行业特点制定的。

  A.职工人数   B.销售额   C.资产总额   D.利润总额

  2.如果审计项目组成员与审计客户的董事、高级管理人员，或所处职位能够对客户
会计记录或被审计财务报表的编制施加重大影响的员工存在家庭和私人关系，可能对独
立性产生的不利影响有（　　）。

  A.自身利益   B.自我评价   C.密切关系   D.外在压力

  3.会计师事务所、审计项目组成员或其主要近亲属与审计客户或其高级管理人员之
间，由于商务关系或共同的经济利益而存在密切的商业关系，可能对独立性产生的不利
影响因素有（　　）。

  A.自身利益   B.自我评价   C.外在压力   D.良好职业行为

  4.清丰公司2019年度财务报表审计项目组中，下列几位注册会计师的独立性可能
会受到不利影响的有（　　）。

  A.王大齐目前持有清丰公司少量股票，价值2 000元

B.李海兰的妹妹在清丰公司下属子公司担任会计主管

C.周晓洲按照正常的商业条件从清丰公司购买了价值3 000元的商品

D.田素勤的大学校友（不经常联系）在清丰公司担任会计

5.2019年12月，天诚正信会计师事务所在确定清丰公司2019年度财务报表审计项目负责人时，下列人员中，独立性会受到影响的有（　　　）。

A.注册会计师李祥龙2019年1月前，在清丰公司担任人力资源主管

B.注册会计师周国强的妻子现任清丰公司的会计主管

C.注册会计师王晓慧2019年3月前在清丰公司从事出纳工作，2019年4月加入天诚正信会计师事务所

D.注册会计师冯海霞拟于2020年7月加入清丰公司担任财务总监

6.独立性概念框架用以指导注册会计师（　　　）。

A.识别对独立性的不利影响

B.评价不利影响的严重程度

C.保持专业胜任能力

D.必要时采取防范措施消除不利影响或将其降低至可接受的水平

7.一般情况下，会计师事务所不应向属于上市公司的审计客户提供的服务有（　　　）。

A.与财务报表相关的内部审计服务　　　B.与财务报表相关的工资服务

C.编制将要发表意见的财务报表　　　　D.编制财务报表依据的财务信息

8.天诚正信会计师事务所接受清丰公司委托审计其2019年度财务报表，项目组成员王晓慧曾在2018年之前担任清丰公司的独立董事，此时可能因（　　　）产生不利影响。

A.自身利益　　　　　B.过度推介　　　　C.自我评价　　　　D.密切关系

9.下列各项中，导致注册会计师冯海霞与审计客户清丰公司形成间接经济利益的有（　　　）。

A.冯海霞的父亲持有清丰公司价值2 000元的股票

B.冯海霞的大学同学持有清丰公司价值10 000元的股票

C.冯海霞的妹妹持有清丰公司价值1 000元的股票

D.冯海霞持有清丰公司价值1 000元的股票

10.下列各项中，将因自身利益产生非常严重的不利影响，导致注册会计师没有防范措施将风险降低至可接受的水平的有（　　　）。

A.会计师事务所、审计项目组成员或其主要近亲属在审计客户中拥有直接经济利益或重大间接经济利益

B.会计师事务所的合伙人或员工兼任审计客户的董事或高级管理人员

C.会计师事务所承担审计客户的管理层职责

D.会计师事务所在提供审计服务时，以直接或间接形式取得或有收费

三、判断题

1.注册会计师通过对被审计单位基本情况的了解，一方面可以确定是否接受委托，

另一方面可以安排进一步的审计工作。　　　　　　　　　　　　　　（　）

2.经营风险的大小是由资本结构决定的。　　　　　　　　　　　　（　）

3.如果注册会计师无法采取适当的防范措施消除不利影响或将其降低至可接受的水平，只能拒绝接受审计业务委托。　　　　　　　　　　　　　　　　　　（　）

4.如果审计业务具有连续性，业务期间结束日应以其中一方通知解除业务关系或出具最终审计报告两者时间孰早为准。　　　　　　　　　　　　　　　　　（　）

5.注册会计师在审计客户中拥有经济利益，可能因密切关系导致不利影响。（　）

6.会计师事务所、审计项目组成员或其主要近亲属可以在审计客户中拥有不重大的间接经济利益。　　　　　　　　　　　　　　　　　　　　　　　　（　）

7.审计项目组成员或其主要近亲属按照正常的商业程序从审计客户购买商品，通常不会对独立性产生不利影响。　　　　　　　　　　　　　　　　　　　（　）

8.如果审计客户的董事、高级管理人员或特定员工，曾经是审计项目组的成员或会计师事务所的合伙人，可能因密切关系或外在压力产生不利影响。　　　（　）

9.会计师事务所的合伙人或员工可以兼任审计客户的董事或高级管理人员。（　）

10.注册会计师的结论以书面报告形式表述，且表达形式与所提供的保证程度相匹配。　　　　　　　　　　　　　　　　　　　　　　　　　　　　　（　）

四、案例题

资料：天诚正信会计师事务所拟指派注册会计师冯海霞于2020年3月1日首次承接清丰公司2019年度财务报表审计业务。假设冯海霞了解到本所其他合伙人于2020年2月14日为清丰公司提供了以下业务：（1）代清丰公司管理层对2019年度内部控制设计和运行进行了评价，并为其出具了内部控制评价报告；（2）对清丰公司运行多年的现有内部控制系统进行了优化，新系统将在2020年5月1日上线运行。如果不考虑独立性的其他问题，天诚正信会计师事务所承接清丰公司2019年度财务报表审计，双方约定出具审计报告的时间是2020年4月20日。

要求：请分别说明在第（1）和（2）两种情形下，天诚正信会计师事务所能否承接清丰公司2019年度财务报表审计业务，并简要说明理由。

任务2　初步业务活动

一、单项选择题

1.初步业务活动，是指注册会计师在本期（　　　）开展的有利于计划和执行审计工作、实现审计目标的活动的总称。

A.签订审计业务约定书前　　　　B.审计业务开始时

C.承接审计业务时　　　　　　　D.联系客户时

2.注册会计师在（　　　）前，需要开展初步业务活动。

A.承接审计工作   B.计划审计工作

C.实施审计工作   D.终结审计工作

3.下列各项中不属于初步业务活动的是（　　）。

A.针对保持客户关系和具体审计业务实施相应的质量控制程序

B.评价遵守相关职业道德要求的情况

C.就审计业务的约定条款与被审计单位达成一致意见

D.在执行首次审计业务时，查阅前任注册会计师的审计工作底稿

4.下列说法中，不正确的是（　　）。

A.风险导向审计关注的是签约后的审计风险

B.初步业务活动关注的是签约前的审计风险

C.初步业务活动是对风险导向审计的必要补充

D.初步业务活动是风险导向审计的组成部分

5.首次接受审计委托时，会计师事务所在初步业务活动中应与被审计单位面谈的事项不包括（　　）。

A.审计的目标   B.审计报告的用途

C.查阅以前年度审计工作底稿   D.审计范围

二、多项选择题

1.假设天诚正信会计师事务所拟承接清丰公司2019年度财务报表审计业务，高江波为审计项目合伙人。高江波为了与清丰公司管理层就其2019年度财务报表审计的业务约定条款达成一致意见（审计业务约定书签订前），需要开展的初步业务活动有（　　）。

A.了解清丰公司及其环境，包括了解清丰公司的内部控制

B.实施与审计准则一致的关于对清丰公司财务报表审计的质量控制程序

C.评价事务所与审计项目组遵守职业道德要求的情况

D.就清丰公司2019年度财务报表审计业务与清丰公司达成一致意见

2.注册会计师开展初步业务活动有助于确保在正式开始审计工作时达到（　　）要求。

A.注册会计师已具备执行业务所需要的独立性和专业胜任能力

B.不存在因管理层诚信问题而影响注册会计师保持该项业务意愿的情况

C.与被审计单位不存在对业务约定条款的误解

D.出具无保留意见的审计报告

3.如果首次接受审计委托，初步业务活动应实施的程序有（　　）。

A.与被审计单位面谈，讨论审计的目标、审计报告的用途、管理层对财务报表的责任等事项

B.初步了解被审计单位及其环境，并予以记录

C.征得被审计单位书面同意后，与前任注册会计师沟通

D.评价注册会计师的保密能力

4.如果是连续审计，初步业务活动应实施的程序有（　　）。

A.了解审计的目标、审计报告的用途、审计范围和时间安排等

B.查阅以前年度审计工作底稿，重点关注非无保留意见的审计报告涉及的说明事项、管理建议书的具体内容、重大事项概要等

C.初步了解被审计单位及其环境发生的重大变化，并予以记录

D.考虑是否需要修改业务约定条款，以及是否需要提醒被审计单位注意现有的业务约定条款

5.会计师事务所只有在合理保证（　　）的情况下，才能接受或保持客户关系和具体审计业务。

A.已考虑了客户的诚信，且没有信息表明客户缺乏诚信

B.事务所以区域最低收费标准收费

C.事务所能够胜任该项业务，并具有执行该项业务所需的独立性和专业胜任能力、时间和资源

D.事务所能够遵守相关的职业道德要求

三、判断题

1.注册会计师在签订审计业务约定书以及之前的所有活动均称为初步业务活动。　　　　　　　　　　　　　　　　　　　　　　　　　　　　　（　　）

2.初步业务活动的结果是会计师事务所与被审计单位签订审计业务约定书。（　　）

3.正确认识风险导向审计与初步业务活动的关系，可以从源头上控制和降低审计风险，避免法律后果。　　　　　　　　　　　　　　　　　　　　　　　（　　）

4.在承接审计业务前，会计师事务所应与被审计单位就审计业务约定条款达成一致意见，签订或修改审计业务约定书，以避免双方对审计业务的理解产生分歧。（　　）

5.初步业务活动的目的是签约前确定是否建立和保持客户关系，了解被审计单位及其环境的目的是签约后识别和评估重大错报风险、设计和实施进一步审计程序。（　　）

四、案例题

资料：清丰公司自2016年上市以来，业务迅速扩张，股价也不断攀升。2018年和2019年的财务报表及其前任注册会计师的审计报告显示，公司2018年和2019年分别实现主营业务收入34.82亿元和70.46亿元，同比增长152.69%和102.35%；同时，总资产也分别增长了178.25%和60.43%；但利润率从2018年开始出现了明显的下降，由2018年的2%下降到2019年的0.69%，远远低于商贸类上市公司的平均水平3.77%。2019年公司利润总额中40%为投资收益，这些投资收益系清丰公司利用银行承兑汇票（承兑期长达6个月）进行账款结算，从回笼货款到支付货款之间3个月的时间差，把这笔巨额资金委托齐鲁证券进行短期套利所得。自2016年以来，清丰公司已经两次更换了会计师事务所。

要求：

（1）在承接清丰公司业务委托前，如何进行初步了解和评估？

（2）请讨论在承接清丰公司业务委托时，注册会计师应关注哪些履约风险？为什么？

（3）如果会计师事务所要承接清丰公司2019年度的财务报表审计，请综合考虑注册会计师应当关注被审计单位的哪些风险？

任务3 签订审计业务约定书

一、单项选择题

1.会计师事务所接受审计委托时，应同被审计单位签订（　　　）。
  A.审计准则   B.审计业务约定书
  C.审计通知书   D.审计报告

2.审计业务的承接以（　　　）的签署为标志。
  A.审计准则   B.审计业务约定书
  C.审计通知书   D.审计报告

3.审计业务约定书一式（　　　）份，由双方法人代表或授权代表签署，并加盖双方单位印章。
  A.五   B.四   C.三   D.二

4.在完成审计业务前，如果被审计单位要求注册会计师将审计业务变更为（　　　），注册会计师应当考虑变更业务的适当性。
  A.审阅业务
  B.其他鉴证业务
  C.保证程度较高的鉴证业务或相关服务
  D.相关服务或保证程度较低的鉴证业务

5.下列说法中，错误的是（　　　）。
  A.签订审计业务约定书的目的是明确约定双方的责任与义务，促使双方遵守约定事项并加强合作，以保护双方的利益
  B.审计业务约定书的具体内容和格式可能因被审计单位的不同而不同
  C.注册会计师不能与被审计单位签订长期审计业务约定书
  D.在同意将审计业务变更为其他服务前，注册会计师还应当考虑变更业务对法律责任或业务约定条款的影响

二、多项选择题

1.审计业务约定书的具体内容包括（　　　）。
  A.财务报表审计的目标   B.管理层对财务报表的责任
  C.执行审计工作的安排   D.确定审计收费

2.下列关于审计业务约定书的说法中，正确的有（　　　）。

    A.审计业务约定书是会计师事务所与被审计单位签订的协议

    B.审计业务约定书的具体内容和格式，可能因被审计单位的不同而存在差异

    C.会计师事务所承接某些审计业务可以不与被审计单位签订审计业务约定书

    D.审计业务约定书应由会计师事务所与被审计单位法人代表或授权代表签署，并加盖双方单位印章

3.审计业务约定书的作用主要有（　　　）。

    A.可增进会计师事务所与被审计单位之间的相互了解

    B.可作为被审计单位评价审计业务完成情况的依据

    C.出现法律诉讼时，是确定签约各方应负责任的重要证据

    D.可作为会计师事务所检查被审计单位约定义务履行情况的依据

4.注册会计师与被审计单位重新签订审计业务约定书的情况包括（　　　）。

    A.有迹象表明被审计单位误解审计目标和范围

    B.需要修改约定条款或增加特别条款

    C.高级管理人员、董事会或所有权结构近期发生变动

    D.被审计单位业务的性质或规模发生重大变化

5.被审计单位要求变更审计业务约定书的合理理由为（　　　）。

    A.环境变化对审计服务的需求产生影响

    B.对原来要求的审计业务的性质存在误解

    C.无论是管理层施加的还是其他情况引起的审计范围受到限制

    D.没有签订审计业务约定书

三、判断题

1.审计业务约定书具有经济合同的性质，一经签约双方签字认可，即具有法定约束力。　　　　　　　　　　　　　　　　　　　　　　　　　　　　　（　　）

2.审计业务的承接以审计计划的制订为标志。　　　　　　　　　　　（　　）

3.审计业务约定书可以作为被审计单位鉴定审计业务完成情况及会计师事务所检查被审计单位约定义务履行情况的依据。　　　　　　　　　　　　　　　（　　）

4.会计师事务所承接审计业务时，可以不与被审计单位签订审计业务约定书。（　　）

5.只有将审计业务变更为执行商定程序业务，注册会计师才可在报告中提及已执行的程序。　　　　　　　　　　　　　　　　　　　　　　　　　　　　　（　　）

四、案例题

资料：清丰公司委托天诚正信会计师事务所对其会计报表进行审计，双方签订了如下的审计业务约定书。

要求：

（1）指出下述审计业务约定书中存在的问题。

（2）重新起草审计业务约定书。

审计业务约定书

甲方：清丰股份有限公司

乙方：天诚正信会计师事务所

甲方委托乙方进行2019年财务报表审计，经双方协商，达成以下约定：

一、审计范围及委托目的

乙方接受甲方委托，对甲方2019年12月31日的资产负债表以及该年度的利润表和现金流量表进行审计。

乙方将根据中国注册会计师独立审计准则，对甲方内部控制制度进行研究和评价，对会计记录进行必要的抽查，并在乙方认为需要时实施其他必要的审计程序，在此基础上，对上述财务报表的合法性、公允性发表审计意见。

二、甲方的责任与任务

1.为乙方审计工作及时提供所需的全部资料和其他有关资料。

2.为乙方的审计人员提供必要的条件及合作，具体事项将在乙方所派人员于审计工作开始之前提供的清单中列明。

3.按本约定书的规定，向乙方及时足额地支付审计费用。

三、按照独立审计准则的要求进行审计，出具审计报告，保证审计报告的真实性、合法性。

四、审计收费

按《×××收费》的规定，乙方应收本项业务具体费用，以及所花费的工作时间确定，预计收取人民币×××万元，甲方应在本约定书签订后预付上述费用的××%，其余部分在乙方提交审计报告时一并付清。如在审计过程中遇到重大问题，致使乙方实际花费审计工作时间有较大幅度的增加，甲方应在了解实际情况后，酌情增加审计费用。

五、约定书的有效期间

本约定书一式两份，甲乙双方各执一份。

本约定书自2020年1月10日起生效，并在全部约定事项完成之前有效。

六、约定事项的变更

由于出现不可预见的情况，影响审计工作如期完成，或需提前出具审计报告，甲乙双方可要求变更约定事项，但应及时通知对方，由双方协商解决。

七、甲乙双方对其他事项的约定

甲方：清丰股份有限公司　　　　乙方：天诚正信会计师事务所

代表：（签章）　　　　　　　　代表：（签章）

任务4　成立审计项目组

一、单项选择题

1. （　　）和项目组其他关键成员应当讨论被审计单位财务报表存在重大错报的可能性，以及如何根据被审计单位的具体情况运用适用的财务报告编制基础。

　　A.项目组的关键成员　　　　　　　　B.项目合伙人

　　C.主任会计师　　　　　　　　　　　D.项目负责人

2. （　　）为项目组成员提供了交流信息和分享见解的机会。

　　A.项目组会议

　　B.项目组与被审计单位的沟通

　　C.项目组内部的讨论

　　D.项目负责人与项目组成员的谈话

3. 项目组内部讨论分享了解的信息的目的是（　　）。

　　A.了解被审计单位，进行公开的讨论

　　B.对审计意见和方法实施头脑风暴法

　　C.为项目组指明审计方向

　　D.为出具审计报告奠定基础

4. 项目组内部讨论分享审计思路的方法的目的是（　　）。

　　A.了解被审计单位，进行公开的讨论

　　B.对审计意见和方法实施头脑风暴法

　　C.为项目组指明审计方向

　　D.为出具审计报告奠定基础

5. 项目组应当根据审计的具体情况，在（　　）的过程中持续交换有关财务报表发生重大错报可能性的信息。

　　A.计划审计　　　　　B.实施审计　　　　　C.终结审计　　　　　D.整个审计

二、多项选择题

1. 审计项目负责人的岗位职责包括（　　）。

　　A.组织审前调查、编制审计方案、进行人员分工和任务分配

　　B.起草并向被审计单位下达审计通知书

　　C.向被审计单位下达主任会计师批准的审计报告

　　D.负责与被审计单位及与审计事项有关的其他单位的协调与沟通

2. 项目组成员的岗位职责包括（　　）。

　　A.协助项目负责人做好审前调查和审计计划的制订

　　B.对审计思路、审计方法及审计中遇到问题的处理提出意见和建议

　　C.做好审计资料的整理和归档工作

　　D.协助项目负责人起草审计报告

3.项目组讨论的内容包括（　　　）。

　　A.被审计单位面临的经营风险

　　B.财务报表容易发生错报的领域

　　C.财务报表容易发生错报的方式

　　D.财务报表由于舞弊导致重大错报的可能性

4.项目组内部讨论的主要领域为（　　　）。

　　A.分享了解的信息　　　　　　　　　B.分享审计思路和方法

　　C.分享被审计单位的资料　　　　　　D.指明方向

5.参与项目组内部讨论的成员包括（　　　）。

　　A.项目组的关键成员

　　B.拥有信息技术或其他特殊技能的专家

　　C.被审计单位的财务主管

　　D.证监会官员

三、判断题

1.项目组内部讨论仅在实施审计业务阶段是非常必要的。　　　　　　　（　　　）

2.项目组内容讨论的主要领域包括分享了解的信息、分享审计思路和方法、指明方向。　　　　　　　　　　　　　　　　　　　　　　　　　　　　　　（　　　）

3.注册会计师不能运用职业判断确定项目组内部参与讨论的成员。　　（　　　）

4.讨论的内容和范围受项目组成员的职位、经验和所需要的信息的影响。　（　　　）

5.项目组内部的讨论为项目组成员提供了交流信息和分享见解的机会。　（　　　）

四、案例题

　　资料：天诚正信会计师事务所主任会计师高鸿波在复核本事务所注册会计师李祥龙和助理（实习生）文凯浩去清丰公司审计所收集到的审计证据时，发现审计记录与该公司的资产负债表的数据有出入，即该公司资产负债表的存货数是234 000元，而审计记录中却注明是432 000元，高鸿波就此事向李祥龙询问，李祥龙阐明此项目的审核与检查是由文凯浩负责的，与自己无关。文凯浩也承认该项失误是由于本人马虎所致。

　　要求：请指出李祥龙的说法是否正确？为什么？

综合训练

（一）

　　资料：天诚正信会计师事务所接受委托，对清丰公司2019年度财务报表进行审计。

冯海霞担任项目合伙人，假定审计项目组存在下列情形：

（1）事务所另一项目合伙人（注册会计师）周国强与冯海霞同属于华北分部的不同项目组，周国强的女儿持有清丰公司债券1 000元。

（2）天诚正信会计师事务所与清丰公司同为华维股份有限公司的股东，目前华维公司属于初创期，股东分别为天诚正信会计师事务所、清丰公司、凯拓公司。

（3）审计项目组成员王晓慧曾在清丰公司担任成本会计，2018年2月从清丰公司跳槽到天诚正信会计师事务所，为避免产生自我评价的不利影响，审计项目组安排王晓慧负责长期股权投资、交易性金融资产等项目的审计工作。

（4）天诚正信会计师事务所接受委托后，项目组成员李祥龙被清丰公司聘为独立董事。为保持独立性，在审计业务开始前，事务所将其调离项目组。

要求：针对上述情形，分别判断是否对审计独立性产生不利影响，并简要说明理由。

（二）

资料：天诚正信会计师事务所承接清丰公司2019年度财务报表审计业务，假定存在以下情况：

（1）项目组成员赵英丽的父亲持有清丰公司发行的可转让债券1万元，拒绝转让。为保持独立性，冯海霞要求事务所指派项目组以外的其他注册会计师复核赵英丽的工作。

（2）注册会计师杨军森2016年以前曾担任清丰公司信用管理部门负责人。冯海霞认为杨军森在会计期间及业务期间之前已离开清丰公司，以前在清丰公司的任职经历不影响其作为项目组成员的独立性，并拟安排杨军森审计清丰公司应收账款项目。

（3）项目组成员王慧云曾是清丰公司的监事会成员。2017年，王慧云查处并向股东大会报告了清丰公司现任总经理的财务舞弊行为。因公司董事会最终没有采纳其提出的总经理任免建议，王慧云于2017年年末从清丰公司辞职后加入事务所。

（4）在业务期间，恰逢清丰公司招聘财务总监。事务所接受委托指派不参与该项审计业务的主任会计师郑云涛通过检查专业证书、测试专业问题等方式从数十名应聘人员中挑选出一名候选人。

要求：分别指出上述事项是否对审计项目组的独立性构成不利影响，并简要说明理由。

（三）

资料：天诚正信会计师事务所承接清丰公司2019年度财务报表审计业务，在审计过程中，审计项目组遇到下列与独立性有关的事项：

（1）审计项目组成员王海卿的哥哥在清丰公司财务部从事会计核算工作，但非财务部负责人，王海卿认为自己无须回避。

（2）审计项目组成员冯海霞的父亲在清丰公司担任董事。

（3）审计项目组成员徐逸风在2018年3月曾担任清丰公司财务部门主管。

（4）天诚正信会计师事务与清丰公司签订的审计业务约定书约定：审计费用50万元，当年支付40%，剩余部分第二年审计完成时一起支付。

（5）在审计过程中，清丰公司要求审计项目组成员协助调整会计分录。

要求：分别指出上述事项是否对审计项目组的独立性构成不利影响，并简要说明理由。

（四）

资料：天诚正信会计师事务所接受委托，对清丰公司2019年度财务报表进行审计。冯海霞作为项目负责人，根据审计业务的要求组建了清丰公司审计项目组。假定存在下列情形：

（1）冯海霞以市场价格购买清丰公司开发的房产一套，并一次性支付房款150万元。

（2）冯海霞的岳母于2018年购买清丰公司发行的企业债券，面值2 000元，即将到期。

（3）接受委托后，项目组成员李祥龙被清丰公司聘为独立董事。为保持独立性，在审计业务开始前，天诚正信会计师事务所将其调离项目组。

（4）天诚正信会计师事务所合伙人朱大可不属于项目组成员，其妻子继承父亲遗产，其中包括清丰公司内部职工股20 000股。

（5）项目组成员赵兴杰的堂兄在清丰公司担任后勤部副主任。

要求：针对上述情形，分别判断是否对审计独立性构成威胁，并简要说明理由。

（五）

资料：天诚正信会计师事务所负责审计清丰公司2018年度财务报表，并委派冯海霞担任审计项目组负责人。在审计过程中，审计项目组遇到下列与职业道德有关的事项：

（1）冯海霞与清丰公司副总经理陈晓惠同为京剧社票友，经陈晓惠介绍，冯海霞从其他企业筹得款项，成功举办个人专场演出。

（2）审计项目组成员张书秀与清丰公司基建处处长曲冠青是战友，曲冠青将清丰公司职工集资建房的指标转让给张书秀，张书秀按照清丰公司职工的付款标准交付了集资款。

（3）审计项目组成员黄丽英与清丰公司财务经理秦晓晓毕业于同一所财经院校。

（4）审计项目组成员侯海棠的朋友于2017年2月购买了清丰公司发行的公司债券20万元。

（5）天诚正信会计师事务所原行政部经理杨明慧于2017年10月离开事务所，担任清丰公司办公室主任。

（6）清丰公司系上市公司——清林公司的子公司。2017年年末，审计项目组成员滕林涛拥有清林公司300股流通股股票，该股票每股市值为12元。

要求：分别指出上述事项是否对审计项目组的独立性构成威胁，并简要说明理由。

案例分析

（一）

资料：

（1）背景介绍

丰和瑞华会计师事务所是拥有证券业审计资格的会计师事务所，现有员工130人，其中注册会计师62人，同时拥有工程师、律师等各行业专家资格者12人，属于中等规模的会计师事务所，客户来源较为稳定。事务所在决定接受一项审计委托前，需对委托企业的情况进行全面的了解，以评价审计风险及确定可审性。对这一环节的工作予以规范的相应审计准则主要是《中国注册会计师审计准则第1211号——通过了解被审计单位及其环境识别和评估重大错报风险》。在实务中，丰和瑞华会计师事务所依据这一准则的要求来指导其调查工作。

一般来说，注册会计师在接受审计委托前，应对被审计单位的基本情况进行了解，以决定是否接受委托。若接受委托，也便于为进一步的审计工作做好准备，注册会计师应了解被审计单位的基本情况包括：①行业状况、法律环境与监管环境以及其他外部因素；②被审计单位的性质；③被审计单位对会计政策的选择和运用；④被审计单位的目标、战略以及相关经管风险；⑤被审计单位财务业绩的衡量和评价；⑥被审计单位的内部控制；⑦被审计单位对环境事项的考虑。

丰和瑞华会计师事务所此次调查主要是以审计约定项目为目的，并在可能的情况下为编制审计计划做准备。本案例中进行前期调查的对象是红旗股份有限公司（以下简称红旗公司）。红旗公司是2007年6月12日在深交所上市的一家上市公司，上市以来业务扩张较为迅速，其主营业务为城建环保工程，2019年度主要承办了污水处理工程。丰和瑞华会计师事务所是首次接受红旗公司的委托，审计该公司2019年度的财务报表。红旗公司以前年度的年报一直由信利会计师事务所审计，因负责红旗公司审计的注册会计师已离开该事务所出国进修，公司董事会决定自2019年开始改由信誉较好的丰和瑞华会计师事务所来进行审计。丰和瑞华会计师事务所接到委托后，考虑到红旗公司是新客户，对其情况不太了解，决定委派注册会计师王秀娟担任红旗公司前期调查的外勤主管，带领审计人员李辰、季小明、余锋三人进入红旗公司进行前期调查，以确定是否接受审计委托。

（2）案例内容与过程

王秀娟接到会计师事务所下达的任务后，根据上述审计目标，拟订了工作实施计划，下达给了调查小组的每一个成员，并与红旗公司管理层取得了联系，于次日进驻现场。调查小组根据审计准则的要求及被审计单位的具体情况，做了下述几方面的了解。

①重大相关事项的关注。

a.对被审计单位管理层的诚信正直及其经验能力的关注。

被审计单位管理层的诚信正直及其经验能力，是评价委托业务审计风险的关键因素之一。在对红旗公司进行前期调查的过程中，王秀娟根据小组调查的情况，对以下可能会增加委托业务审计风险的因素予以关注：参与非法活动；经常更换银行、律师或注册会计师；高级管理人员在生活上遇到重大困难；具有冒险倾向，且经常参与高风险业务；高级管理人员近期发生重大或非预期的变动；缺乏经验能力。

通过对以上各项的关注，调查小组发现：第一，公司自上市以来更换注册会计师一次；第二，原任财务总监由红旗公司送到国外深造，自2019年5月起由新任财务总监接任，其他董事会成员未发生较大幅度的变动；第三，红旗公司将2 000万元资金用于炒期货，属于高风险投资。除此之外，未发现其他重大可疑或异常情况。

b.对与行业环境有关的因素的关注。

一些与公司业务性质及行业环境有关的因素可能会增加委托业务的审计风险，王秀娟就以下问题进行了关注，并做出相应记录（具体内容略）：经营周期；所在行业的固有风险；财务状况及盈利能力与同行业其他企业相比所处的水平；股东之间是否有纠纷，股权是否频繁转让；所涉及的重大诉讼案件；重大会计估计涉及的主观性、复杂性和不确定性是否超出了正常水平。

c.对与审计风险相关的其他重要事项的关注。

一般来说，如果有迹象表明被审计单位面临严峻的财务困境，或在可预见的将来难以持续经营，或管理层受到异常的外界压力，则委托业务的审计风险将增大，王秀娟在调查过程中着重关注并询问了是否存在以下问题：(a) 经营状况日趋恶化，现金流量入不敷出，长期未能向股东分配利润；(b) 资金匮乏，融资能力低下，难以筹集到必要的资金；(c) 逾期债务增多，偿债能力低下，资金严重依赖关联方企业；(d) 过多依赖于出售经常性资产以获取经营活动所必需的资金；(e) 关联交易频繁，利润严重依赖于关联方交易；(f) 主要顾客和顾客群体遭受重大损失，难以与其维持正常的商业关系；(g) 收益的确定和财务状况的计算过分依赖会计估计；(h) 高级管理人员薪酬及经营业绩的考核主要取决于被审计单位的经营成果；(i) 盈利预测过于乐观，股价异常波动，公众对被审计单位存在过高的期望。

通过对以上各项的关注，王秀娟做出了如下记录：第一，公司近年一直未分配股利，但资金运转目前尚无发生困难的明显迹象；第二，调查过程中发现股份公司与子公司、环保集团之间，子公司与子公司、集团及其所属公司之间，关联方交易频繁，主要为资金调拨、贷款担保事项；第三，董事会公告中股份公司承建T污水处理工程19.60亿元，实际工程由集团承建；第四，调查过程中发现股份公司对于收入成本的估算有明显不合理处；第五，盈利预测缺乏合理依据，显然难以实现。

②了解公司的性质。到达现场后，调查小组立即与被审计单位各部门的有关负责人进行座谈，了解公司的基本情况，在人员安排及各部门支持上予以确认，并将需审计单位填写的有关表格交付其填写，形成了如下的审计工作底稿（其他相关的审计工作底稿略）：

红旗股份有限公司基本情况

红旗公司成立于1998年4月30日，由红旗设备总厂、B噪声控制设备厂和C特种电材厂共同发起，以定向募集方式设立股份公司，注册资金为15 999.90万元，其中法人股为13 899.90万股，内部职工股为2 100万股。2007年5月30日，红旗公司经中国证监会批准向社会公众发行A股6 600万股，并于同年6月12日在深交所上市。公司近年来股本扩张很快，截至2019年12月31日，总股本为89 029.60万股。

红旗公司下设2个全资子公司、5个控股子公司。前者为兴美制药厂和中联房屋开发公司，后者为达利特种环保设备制造有限公司、五峰山净水设备制造有限公司、锦华特种线材有限公司、长兴噪声控制设备有限公司和新龙环保设备制造有限公司。

红旗公司主营业务为承接环保工程，并生产、销售与工程配套的设备和相关产品。截至2019年12月31日，公司投资情况见表2-1。

表2-1
红旗公司投资情况
2019年12月31日
金额单位：万元

单位名称	注册资本	投资成本	股权比例
兴美制药厂	3 426	100%	2 120
中联房屋开发公司	2 120	100%	13 684
达利特种环保设备制造有限公司	8 210.40	60%	150
五峰山净水设备制造有限公司	871.50	70%	360
锦华特种线材有限公司	241.20	67%	2 000
长兴噪声控制设备有限公司	1 900	95%	1 000
新龙环保设备制造有限公司	990	99%	3 426

③了解企业重要会计政策的选择与运用。在对各业务循环的了解过程中，调查小组各相关人员关注了企业会计政策的选择与应用情况，并做出了以下记录：

a.坏账准备：公司的坏账损失采用直接转销法核算，不符合有关规定。如果按规定合理计提坏账准备的话，将会影响利润320万~536万元。

b.交易性金融资产：按实际支付的价格扣除已宣告发放但尚未领取的现金股利或已到付息期但尚未领取的债券利息核算。

c.存货核算方法：存货包括在生产经营过程中为销售或耗用而储备的原材料、包装物、在产品、产成品等。存货按实际成本计价，发出原材料、产成品采用加权平均法。公司未提取存货跌价准备。

d.持有至到期投资：按实际成本计价核算，投资收益则按公允价值计价核算。

e.长期股权投资：对被投资单位实施控制的长期股权投资，对被投资单位不具有共同控制或重大影响并且在活跃市场中没有报价、公允价值不能可靠计量的长期股权投资，采用成本法核算；对被投资单位具有共同控制或重大影响的长期股权投资，采用权益法核算。公司未计提长期投资减值准备。

　　f.固定资产及其折旧方法：固定资产按实际成本计价，采用直线法计提折旧，公司未计提固定资产减值准备。各类固定资产折旧年限及折旧率见表2-2。

表2-2　　　　　　　　　　　固定资产折旧年限及折旧率

资产类别	使用年限（年）	年折旧率（%）	净残值率（%）
房屋及建筑物	40	2.375	5
机器设备	13	7.308	5
运输设备	10	9.500	5

　　g.在建工程：按各项工程实际发生的支出核算，在建筑期内发生的借款利息支出和外汇折算差额计入工程成本。公司未计提在建工程减值准备。

　　h.无形资产及长期待摊费用：无形资产按合同或协议规定的年限摊销，长期待摊费用按受益期摊销。公司未计提无形资产减值准备。

　　i.销售收入的确认。（a）产品销售：公司已将产品所有权上的主要风险和报酬转移给购货方；公司既没有保留通常与所有权相联系的继续管理权，也没有对已售出的产品实施有效控制；收入的金额能够可靠地计量；相关的经济利益很可能流入企业；相关的已发生或将发生的成本能够可靠地计量。当同时满足上述五项条件时，便可确认营业收入。（b）环保工程收入：按完工进度确认收入。

　　④了解内部控制。通过初步调查，调查小组了解到：

　　a.红旗公司的组织结构是完善的，董事会下设的专业委员会符合《中国上市公司治理准则》的规定。

　　b.红旗公司在实际生产经营中有一定的运作程序（尚未对其进行测试），但会计与财务方面的控制制度不完善，有些关键控制点没有规定与采取控制措施，如对货币资金的账账、账实、账单核对未做出具体规定。

　　c.红旗公司管理层在处理违反公司行为守则及相关制度的情况时，没能做到一视同仁，而是有的严格，有的宽松。

　　d.红旗公司的会计核算分为设备总厂、控制设备厂和特种电材厂三个核算单位，分立账簿、分别核算、各自纳税，公司的财务报表即为三个单位的汇总报表。

　　e.红旗公司建立了管理层与治理层之间的沟通制度，但该制度较为抽象。

　　f.红旗公司的交易授权、职责分离、信息处理、实物控制和业绩评价等相关控制活动整体上是完整的，但有些方面缺乏可操作性，如对于交易授权没有具体区分一般授权和特殊授权，而是笼统地规定了授权的基本程序和内容，这使得一些特定类别的交易或活动未能通过特殊授权得到有效的控制。

　　g.红旗公司设立了内部审计部门，对公司内部控制的设计与执行进行专门评价。

⑤财务报表主要项目资料的搜集。王秀娟对小组成员进行了分工，分三组对财务报表主要项目的总体情况进行搜集，形成资料如下：

a.主要销售收入及成本。具体情况见表2-3。

表2-3 主要销售收入及成本

2019年度 单位：万元

项目	收入	成本
总收入	144 774	93 020
其中：T污水工程（一期）	10 000	9 000
T污水工程（二期）	128 000	80 628
65型浮选机	2 324	1 302
除尘机组	3 248	1 394
其他	1 202	696

b.补贴收入，为T污水处理补贴4 500万元。

c.应收账款情况。应收账款总额为104 690万元。主要欠款单位及其欠款金额见表2-4。

表2-4 主要欠款单位及其欠款金额

2019年12月31日 单位：万元

单位	金额
A市建委（T污水处理工程一期款）	16 000
A市建委（T污水处理工程二期款）	86 744
B钢铁集团	1 620

其他项目内容略。

⑥实地巡视被审计单位工程和管理现场以及盘点。调查小组成员实地考察了红旗公司的工程及管理现场，了解到红旗公司正在进行的T污水处理二期工程尚未施工。此外，调查小组还对该公司的重要资产进行了抽查盘点，发现工程物资的管理较为混乱，毁损缺失的情况严重。

⑦汇总调查中发现的主要问题。通过上述调查，王秀娟根据小组的记录，将调查发现的与审计风险有关的主要问题汇总如下：

a.股份公司的收入与成本不实。（a）承建环保工程收入的确认与成本的结转并没有严格按照完工进度核算，并且缺乏应有的工程进度报告。第一，T污水处理一期工程少结转成本3 680万元，一期工程已于2019年6月竣工并办理了工程结算。第二，T污水处理二期工程2019年度公司按支付的工程成本占工程总概算的比重确定完工进度并确认工程收入。对于工程成本，经注册会计师抽查相关凭证，其中计入应付账款、其他应付款（共计27 560万元）的凭证后均缺少应有的工程物资入库单等附件，集团公司垫付的工程款16 000万元没有相应的清单，查看工程现场，工程基本没有施工。因此，成本不实，相关收入不能确认。（b）其他产品销售收入有待确定。根据注册会计师对销售部门的调查了解，浮选机及除尘机组等产品销售后需要有较长的调试期，而公司则在开具销售发票后即确认收入，与《企业会计准则第14号——收入》的要求不符。

　　b.专项借款的用途。表2-5反映的是红旗公司2018年12月1日向银行借入的专项借款及后来的使用情况。

表2-5　　　　　　　　　　　　专项借款使用情况　　　　　　　　　　　　单位：万元

项目	实际投资	备注
浮选机扩产技改项目	5 437	未实质性开工
SGL系列过滤器生产技改项目	2 710	实际投入其他专项中
高分子絮凝剂扩产技改项目	2 987	项目进度慢
HM-RO系列纯净饮水机扩产技改项目	5 232	项目中途停工

　　c.补贴收入的可能性。2017年年底，A市建委、市财政局将污水处理厂的优良资产转让给股份公司经营管理，将全市征收的排污费1亿元划归股份公司作为管理、营运费用，扣除营运费用后按比例返还税后利润（A市建委发〔2017〕232号）。2018年根据市长办公会议纪要〔2018〕53号决定，A市以每年12 000万元的资金连续10年作为对股份公司的补贴投入（至今尚未形成正式文件）。公司依据此会议纪要每年计补贴收入。经查阅2018年度的补贴情况，款项确已收到。

　　d.与G公司的往来。2019年11月，红旗公司公告与中国G环境发展中心签署协议成立G特种环保设备有限公司，股份公司出资7 500万元，占75%的股权，主要组织环保设备的开发及承包综合污水处理工程。经了解，G公司原为国家环保局的直属单位，2019年与国家环保总局脱钩，由红旗环保公司接管，正在办理相关手续。

　　⑧其他重要问题的记录。此外，王秀娟对在调查过程中发现的其他重要问题列示如下：

　　a.董事会公告中股份公司承建T污水处理工程价值19.60亿元，实际工程由集团承建。

　　b.股份公司与子公司、环保集团之间，子公司与子公司、集团及所属公司之间，关联方交易频繁，主要为资金调拨、贷款担保事项。

c.其他应收款中有应收北方证券公司的2 000万元，北方证券公司认为该款项是股份公司对其投资的入股款，股份公司不认同，双方未达成任何协议。

d.母公司报表为3个厂的汇总报表，未对内部往来和内部交易进行抵销。

⑨评估重大错报风险。调查小组还了解到下列表明红旗公司存在重大错报风险的事项和情况：

a.重要客户发生流失。

b.现有会计人员的胜任能力受到公司某些员工的质疑。

c.安装了新的与财务报告有关的重大信息技术系统。

d.应用了最新的企业会计准则。

根据这些事项或情况以及上述所了解到的问题，调查小组在综合分析的基础上，认为红旗公司存在与财务报表整体相关的重大错报风险。

⑩查阅前任注册会计师的审计工作底稿，并确定红旗公司财务报表的可审性和会计师事务所自身的专业胜任能力。

王秀娟与红旗公司协商，红旗公司原则上同意其调阅以前年度审计档案，但由于以前负责该项目审计的注册会计师已出国进修，难以取得联系，而与前任信利会计师事务所沟通时受阻，最终未能调阅前任注册会计师的审计档案。因此，调查小组无法通过与前任注册会计师的沟通来确定其调查工作的重点和主要风险领域。在此次调查中，王秀娟安排审计人员严格按照销售与收款循环、采购与付款循环、生产与存货循环和筹资与投资循环对上市公司及其子公司的情况进行了全面的调查。

王秀娟将调查结果上报后，丰和瑞华会计师事务所对红旗公司财务报表的可审性进行了评估与确定，对红旗公司年报进行审计时可接受的审计风险水平确定为5%，重大错报风险水平确定为42%，则可接受的检查风险水平为11.9%，即：

检查风险=审计风险/重大错报风险=5%÷42%=11.9%

通过以上量化分析，认为红旗公司的检查风险是丰和瑞华会计师事务所可以接受的，丰和瑞华会计师事务所仍具有较强的专业胜任能力，且初步商定的审计收费较为合理，于是，丰和瑞华会计师事务所决定接受红旗公司的委托，并签订审计业务约定书。

要求：结合所学的知识，对此案例进行分析。

（二）

资料：

（1）背景介绍

立承会计师事务所有限责任公司是在北京注册登记的国内大型会计师事务所，现有从业人员336人，其中注册会计师169人，注册资产评估师、注册工程造价师、高级咨询顾问、注册税务师共计86人，平均年龄36岁。1993年，经财政部和中国证券监督管理委员会批准，授予该所执行证券期货相关业务许可证；1994年，经财政部和中国证券监督管理委员会批准，授予该所执行证券业务资产评估资格；2000年，经中国人民银行总行和财政部批准，该所成为首批获得从事金融相关业务资格的会计师事务所；经最高人民法院批准，该所可以执行司法审计（证券）鉴定和司法资产评估鉴定；经财政部批准，该所具有国有特大型企业审计资格。立承会计师事务所是中国为数不多的同时具备以上多种执业资格的综合性会计师事务所。该所依法承办审计、资产评估、工程造价咨询、投融资策划、税务筹划、管理咨询、公司清算、财会培训业务等。

延信股份有限公司（上市公司）连续委托立承会计师事务所进行2019年度财务报表审计。

（2）拟接收业务委托（初步了解审计业务环境）

延信公司开发和生产日用化学制品及原辅材料、清洁制品、卫生制品、消毒制品、洗涤用品、口腔卫生用品、纸制品及湿纸巾、蜡制品、驱杀昆虫制品和驱杀昆虫用电器装置，销售公司自产产品，从事货物及技术的进出口业务。其产品主要用于星级酒店、宾馆和大型饭店。除了在北京、上海直接向终端客户销售外，在全国其他地区均向省级或市级经销商销售。

2019年是延信公司实现业务恢复性增长的第三年。在销售收入增长方面，公司通过合理有效地分配和使用营销资源、成功推广新产品、积极扩大已有销售渠道、持续加大销售网络拓展力度等措施，取得不俗的业绩。公司在销售毛利提高方面，通过改善产品结构（扩大高毛利产品的销售规模）、开展针对重点产品的降低成本项目，以及采取其他精益化管理措施，不仅顶住了原材料涨价等成本上升压力，而且使2019年毛利率水平有所提升。公司提供的财务报表显示：2019年度销售收入为100 655 260元，比上一年增长18%（董事会制定的当年预算目标是增长15%）。

（3）初步业务活动

立承会计师事务所按照《中国注册会计师审计准则第1201号——计划审计工作》第六条的要求，对延信公司执行初步业务活动。

①按照《中国注册会计师审计准则第1121号——对财务报表审计实施的质量控制》的规定，针对保持客户关系和具体审计业务，实施相应的质量控制程序，主要对被审计单位的主要股东、关键管理人员和治理层是否诚信进行了评价，认为其诚信度是可以接受的。

②按照《中国注册会计师审计准则第1121号——对财务报表审计实施的质量控制》的规定，评价遵守相关职业道德要求（包括评价遵守独立性要求）的情况，主要对会计师事务所和签字注册会计师的独立性、胜任能力和时间精力进行评价，认为其独立性、专业胜任能力等均符合职业道德要求。

③按照《中国注册会计师审计准则第1111号——就审计业务约定条款达成一致意见》的规定，就审计业务约定条款与被审计单位达成一致意见，签订了审计业务约定书。

通过对主要业务流程的风险评估和基于以前年度对该公司的了解和经验，以及本年度对该公司环境、经营状况、内部控制、相关财务指标等的初步了解和评价，注册会计师进行了承接业务的风险初步评价，见表2-6，决定接受该项审计业务委托。

表2-6　　　　　　　　　承接业务的风险初步评价表

被审计单位名称：延信公司　　　编制：李新　日期2019年11月5日　　索引号PGFX-1

内容：承接业务的风险初步评价　复核：李童　日期2019年11月6日　　页码1/1

会计期间：2019年1月1日—2019年12月31日

	项目	说明	风险评估
被审计单位（延信公司）	委托原因	法律法规规定	中等
	审计内容	延信公司2019年度财务报表	中等
	行业环境	同行业竞争激烈，延信公司的竞争优势一般	高
	公司背景	延信公司是1981年成立的大型国有企业，1996年股份制改造之后上市，下设4个控股子公司	较低
	产品销售情况	延信公司开发和生产日用化学制品及原辅材料、清洁制品、卫生制品、消毒制品、洗涤用品、口腔卫生用品等，销售公司自产产品，从事货物及技术的进出口业务	中等
	以前会计期间是否经过审计及审计意见类型	自2018年起连续委托立承会计师事务所进行审计，一直被出具无保留意见审计报告	较低
	是否连续亏损	近三年经审计确认的净利润逐年稳步增长	较低
	资产负债率	近三年资产负债率均接近80%	中等
	内部控制制度	比较健全	中等
	有无潜亏因素	无	较低
	……	……	
会计师事务所及其注册会计师	独立性	在实质上和形式上均独立于客户	较低
	胜任能力	有专业胜任能力，经常受到业务培训	较低
	是否向客户提供了其他服务	无	较低
	是否具有充足的时间和人力执行该业务	有审计人员及其时间保证	较低
	……	……	

评价结论：审计风险中等，在可控制范围之内，可以接受委托

（4）签订审计业务约定书

审计业务约定书

编号：

甲方：延信股份有限公司

乙方：立承会计师事务所有限责任公司

兹由甲方委托乙方对2019年度财务报表进行审计，经双方协商，达成以下约定：

一、审计的目标和范围

1.乙方接受甲方委托，对甲方按照企业会计准则编制的2019年12月31日的资产负债表，2019年度的利润表、所有者权益变动表和现金流量表以及财务报表附注（以下统称财务报表）进行审计。

2.乙方通过执行审计工作，对财务报表的下列方面发表审计意见：（1）财务报表是否在所有重大方面按照企业会计准则的规定编制；（2）财务报表是否在所有重大方面公允反映了甲方2019年12月31日的财务状况以及2019年度的经营成果和现金流量。

二、甲方的责任

1.根据《中华人民共和国会计法》及《企业财务会计报告条例》，甲方及甲方负责人有责任保证会计资料的真实性和完整性。因此，甲方管理层有责任妥善保存和提供会计记录（包括但不限于会计凭证、会计账簿及其他会计资料），这些记录必须真实、完整地反映甲方的财务状况、经营成果和现金流量。

2.按照企业会计准则的规定编制和公允列报财务报表是甲方管理层的责任，这种责任包括：（1）按照企业会计准则的规定编制财务报表，并使其实现公允反映；（2）设计、执行和维护必要的内部控制，以使财务报表不存在由于舞弊或错误而导致的重大错报。

3.及时为乙方的审计工作提供与审计有关的所有记录、文件和所需的其他信息（在2020年1月11日之前提供审计所需的全部资料，如果在审计过程中需要补充资料，亦应及时提供），并保证所提供资料的真实性和完整性。

4.确保乙方不受限制地接触其认为必要的甲方内部人员和其他相关人员。

5.甲方管理层对其做出的与审计有关的声明予以书面确认。

6.为乙方派出的有关工作人员提供必要的工作条件和协助，乙方将于外勤工作开始前提供主要事项清单。

7.按照本约定书的约定及时足额支付审计费用以及乙方人员在审计期间的交通、食宿和其他相关费用。

8.乙方的审计不能减轻甲方管理层的责任。

三、乙方的责任

1.乙方的责任是在实施审计工作的基础上对甲方财务报表发表审计意见。乙方根据中国注册会计师审计准则（以下简称审计准则）的规定执行审计工作。审计准则要求注册会计师遵守中国注册会计师职业道德守则，计划和执行审计工作以对财务报表是否不存在重大错报获取合理保证。

2.审计工作涉及实施审计程序,以获取有关财务报表金额和披露的审计证据。选择的审计程序取决于乙方的判断,包括对由于舞弊或错误导致的财务报表重大错报风险的评估。在进行风险评估时,乙方考虑与财务报表编制和公允列报相关的内部控制,以设计恰当的审计程序,但目的并非对内部控制的有效性发表意见。审计工作还包括评价管理层选用会计政策的恰当性和做出会计估计的合理性,以及评价财务报表的总体列报。

3.由于审计和内部控制的固有限制,即使按照审计准则的规定适当地计划和执行审计工作,仍不可避免地存在财务报表的某些重大错报可能未被乙方发现的风险。

4.在审计过程中,乙方若发现甲方存在乙方认为值得关注的内部控制缺陷,应以书面形式向甲方治理层或管理层通报。但乙方通报的各种事项,并不代表已全面说明所有可能存在的缺陷或已提出所有可行的改进建议。甲方在实施乙方提出的改进建议前应全面评估其影响。未经乙方书面许可,甲方不得向任何第三方提供乙方出具的沟通文件。

5.按照约定时间完成审计工作,出具审计报告。乙方应于2020年4月30日前出具审计报告。

6.除下列情况外,乙方应当对执行业务过程中知悉的甲方信息予以保密:(1)法律法规允许披露,且取得甲方的授权;(2)根据法律法规的要求,为法律诉讼准备文件或提供证据,以及向监管机构报告发现的违法行为;(3)在法律法规允许的情况下,在法律诉讼、仲裁中维护自己的合法权益;(4)接受注册会计师协会或监管机构的执业质量检查,答复其询问和调查;(5)法律法规、执业准则和职业道德规范规定的其他情形。

四、审计收费

1.本次审计服务的收费是以乙方各级别工作人员在本次工作中所耗费的时间为基础计算的。乙方预计本次审计服务的费用总额为人民币贰佰万元。

2.甲方应于本约定书签署之日起五日内支付50%的审计费用,其余款项于提交审计报告时结清。

3.如果由于无法预见的原因,致使乙方从事本约定书所涉及的审计服务实际时间较本约定书签订时预计的时间有明显的增加或减少时,甲、乙双方应通过协商,相应调整本部分第1段所述的审计费用。

4.如果由于无法预见的原因,致使乙方人员抵达甲方的工作现场后,本约定书所涉及的审计服务中止,甲方不得要求退还预付的审计费用;如上述情况发生于乙方人员完成现场审计工作,并离开甲方的工作现场之后,甲方应向乙方支付人民币叁拾万元的补偿费,该补偿费应于甲方收到乙方的收款通知之日起五日内支付。

5.与本次审计有关的其他费用(包括交通费、食宿费、询证费等)由甲方承担。

五、审计报告和审计报告的使用

1.乙方按中国注册会计师审计准则规定的格式和类型出具报告。

2.乙方向甲方致送审计报告一式五份。

3.甲方在提交或对外公布乙方出具的审计报告及其后附的已审计财务报表时，不得对其进行修改。当甲方认为有必要修改会计数据、报表附注和所做的说明时，应当事先通知乙方，乙方将考虑有关的修改对审计报告的影响，必要时，将重新出具审计报告。

六、本约定书的有效期间

本约定书自签署之日起生效，并在双方履行完毕本约定书约定的所有义务后终止。但其中第三项第6段，以及第四、五、七、八、九、十项并不因本约定书终止而失效。

七、约定事项的变更

如果出现不可预见的情况，影响审计工作如期完成，或需要提前出具审计报告，甲、乙双方均可要求变更约定事项，但应及时通知对方，并由双方协商解决。

八、终止条款

1.如果根据乙方的职业道德及其他有关专业职责、适用的法律法规或其他任何法定的要求，乙方认为已不适宜继续为甲方提供本约定书约定的审计服务时，乙方可以采取向甲方提出合理通知的方式终止履行本约定书。

2.在本约定书终止的情况下，乙方有权就其于终止之日前对约定的审计服务项目所做的工作收取合理的费用。

九、违约责任

甲、乙双方按照《中华人民共和国合同法》的规定承担违约责任。

十、适用法律和争议解决

本约定书的所有方面均应适用中华人民共和国法律进行解释并受其约束。本约定书履行地为乙方出具审计报告所在地，因本约定书所引起的或与本约定书有关的任何纠纷或争议（包括关于本约定书条款的存在、效力或终止，或无效之后果），双方选择以下第1种解决方式：

1.向有管辖权的人民法院提起诉讼；

2.提交北京市仲裁委员会仲裁。

十一、双方对其他有关事项的约定

本约定书一式两份，甲、乙方各执一份，具有同等法律效力。

甲方：延信股份有限公司	乙方：立承会计师事务所
（盖章）	（盖章）
法定代表人：贾明智	法定代表人：艾叶武
（或授权代表）：	（或授权代表）：
2019年11月11日	2019年11月11日

（5）成立审计项目组

会计师事务所通常根据审计项目类别分配审计任务给相应的审计部门，由部门经理确定审计项目负责人,审计项目负责人根据审计项目的特点和审计报告的时间要求挑选项目组成员,并保持合理的知识结构和年龄结构。对延信公司的审计由注册会计师李新负责,李新确定的项目组成员如下:

审计负责人:李新

审计项目组成员:李童、辛酷、杜丽、严肃、石娜、吕蒙

要求:阅读材料,了解会计师事务所和注册会计师如何承接审计业务。

项目三

计划审计

任务1　执行初步分析程序和初步确定重要性水平

一、单项选择题

1.注册会计师在审计过程中，必须恰当运用重要性原则的阶段是（　　　）。

　　A.计划阶段和实施阶段

　　B.计划阶段、实施阶段和终结阶段

　　C.编制审计计划时和评价审计结果时

　　D.实施阶段和终结阶段

2.在确定重要性时，对于流动性较高的财务报表项目，注册会计师应当（　　　）。

　　A.确定较高的重要性水平　　　　　　　B.确定较低的重要性水平

　　C.确定适中的重要性水平　　　　　　　D.不考虑项目的流动性

3.如果同一期间不同财务报表的审计重要性水平不同，注册会计师应取其（　　　）作为财务报表层次的重要性水平。

　　A.最高者　　　　　　B.最低者　　　　　　C.平均数　　　　　　D.加权平均数

4.在对财务报表进行分析后，确定资产负债表的重要性水平为200万元，利润表的重要性水平为100万元，则注册会计师应确定的财务报表层次重要性水平为（　　　）万元。

　　A.100　　　　　　　B.150　　　　　　　C.200　　　　　　　D.300

5.下列关于重要性的理解，不正确的是（　　　）。

　　A.重要性的确定离不开具体环境

　　B.重要性包括对数量和性质两个方面的考虑

　　C.重要性概念是针对管理层决策的信息需求而言的

　　D.对重要性的评估需要运用职业判断

二、多项选择题

1.审计计划可分为（　　　）。

　　A.总体审计策略　　　　　　　　　　　B.具体审计计划

　　C.审计工作底稿　　　　　　　　　　　D.审计业务约定书

2.在审计过程中，重要性运用的情形有（　　　）。

　　A.计划审计工作　　　　　　　　　　　B.执行审计程序

　　C.评价审计结果　　　　　　　　　　　D.实施控制测试

3.确定计划的重要性水平时应考虑的因素有（　　　）。

　　A.被审计单位业务的性质　　　　　　　B.审计的目标

　　C.财务报表各项目的性质及相互关系　　D.财务报表项目的金额及其波动幅度

4.在计划审计阶段，运用分析程序的主要目的是（　　　）。

A.评价重要性水平　　　　　　　　　B.进一步了解客户情况

C.确认存在潜在风险的领域　　　　　D.确定是否需要执行控制测试

5.注册会计师应当合理选用重要性水平的判断基础，采用固定比率、变动比率等确定财务报表层次的重要性水平。常用的判断基础包括（　　）。

A.资产总额　　　　　B.净资产　　　　　C.营业收入　　　　　D.净利润

三、判断题

1.理解和应用重要性需要站在被审计单位管理层的视角去判断，在计划某项审计工作时，注册会计师应分别评价财务报表层次和认定层次的重要性。　　　　（　　）

2.一般情况下，财务报表使用者最关心流动性较低的项目，注册会计师对此应从严制定重要性水平。　　　　　　　　　　　　　　　　　　　　　　　　　　（　　）

3.对审计计划的补充、修订贯穿于整个审计工作的准备和实施阶段中。　（　　）

4.常用的分析程序有比较分析法、比率分析法、因素分析法、趋势分析法等。

（　　）

5.重要性仅包括对数量方面的考虑。　　　　　　　　　　　　　　　（　　）

四、案例题

资料：注册会计师对清丰公司2019年的年度财务报表进行审计，其未经审计的有关报表项目的金额见表3-1。

表3-1　　　　　　　　　　　未经审计的有关报表项目

财务报表项目	金额（万元）
资产总额	180 000
净资产	88 000
主营业务收入	240 000
净利润	24 120

要求：如果以资产总额、净资产、主营业务收入、净利润为判断基础，采用固定比例法，并假定上述标准的比例分别为0.5%、1%、0.5%、5%，请代注册会计师计算确定该公司2019年度财务报表层次的重要性水平。

任务2　评估审计风险

一、单项选择题

1.下列有关检查风险的观点中，错误的是（　　）。

A.检查风险取决于审计程序设计的合理性和执行的有效性

B.在既定的审计风险水平下，可接受的检查风险水平与认定层次重大错报风险的评估结果成反向变动关系

C.注册会计师应当合理设计审计程序的性质、时间和范围，并有效执行审计程序，以控制检查风险

D.检查风险与注册会计师所需的审计证据成同向关系

2.重要性与审计风险之间的关系是（　　　）。

　　A.正向关系　　　　　　B.反向关系　　　　　　C.没有关系　　　　　　D.视情况而定

3.注册会计师期望的审计风险确定为4.5%，并认为重大错报风险为30%，则注册会计师应承担的检查风险是（　　　）。

　　A.30%　　　　　　　　B.1.35%　　　　　　　　C.2.7%　　　　　　　　D.15%

4.财务报表在审计前存在重大错报可能性的是（　　　）。

　　A.重大错报风险　　　B.检查风险　　　　　C.固有风险　　　　　　D.控制风险

5.下列各项中，与财务报表整体存在广泛联系，可能影响多项认定的是（　　　）。

　　A.财务报表层次重大错报风险　　　　　　B.认定层次重大错报风险

　　C.控制风险　　　　　　　　　　　　　　D.固有风险

二、多项选择题

1.审计风险是指财务报表存在重大错报而注册会计师发表恰恰相反的审计意见的可能性，包括（　　　）。

　　A.重大错报风险　　　　　　　　　　　B.检查风险

　　C.固有风险　　　　　　　　　　　　　D.控制风险

2.检查风险是某一认定存在错报，该错报单独或连同其他错报是重大的，但注册会计师未能发现这种错报的可能性。检查风险不可能降低为零的原因有（　　　）。

　　A.注册会计师通常并不对所有的交易、账户余额和列报进行检查

　　B.注册会计师可能选择了不恰当的审计程序

　　C.注册会计师执行的审计过程不当

　　D.注册会计师错误地解读了审计结论

3.下列说法中，正确的有（　　　）。

　　A.审计风险与审计证据之间是正向变动关系

　　B.重要性与审计风险之间是反向变动关系

　　C.重要性和审计证据之间是反向变动关系

　　D.审计风险与审计证据之间是反向变动关系

4.检查风险取决于（　　　）。

　　A.内部控制设计的合理性　　　　　　B.审计程序设计的合理性

　　C.审计程序执行的有效性　　　　　　D.内部控制执行的有效性

5.以下关于审计风险的表述中，正确的有（　　　）。

　　A.注册会计师的合理保证意味着审计风险始终存在

　　B.注册会计师应当通过控制检查风险以使审计风险降至可接受的低水平

  C.财务报表层次的重大错报风险与财务报表整体存在广泛联系，并可能影响多项认定

  D.审计程序设计合理并且执行有效，可以将检查风险降低为零

三、判断题

1.审计风险取决于固有风险和检查风险。   （ ）

2.财务报表层次重大错报风险与财务报表整体存在广泛联系，可能影响多项认定。

                         （ ）

3.认定层次的重大错报风险又可以进一步细分为固有风险和检查风险。 （ ）

4.固有风险和控制风险不可分割地交织在一起，有时无法单独进行评估。 （ ）

5.评估的重大错报风险越高，可接受的检查风险越高。   （ ）

四、案例题

  资料：注册会计师在评价清丰公司的审计风险时，分别假定了 A、B、C、D 四种情况，见表 3-2。

表 3-2   审计风险评价表

风险类型	情况 A	情况 B	情况 C	情况 D
可接受的审计风险（%）	1	2	3	4
重大错报风险（%）	60	50	80	70

  要求：计算分析上述四种情况下，可接受的检查风险水平分别是多少？哪种情况下注册会计师需要获取最多的审计证据？为什么？

任务3 制定总体审计策略

一、单项选择题

1.下列各项中，用以确定审计范围、时间和方向的是（ ）。

  A.总体审计策略   B.审计业务约定书

  C.审计依据   D.具体审计计划

2.总体审计策略的内容中一般不包括（ ）。

  A.向具体审计领域调配的资源

  B.计划实施的风险评估程序的性质、时间和范围

  C.向具体审计领域分配资源的数量

  D.如何管理、指导、监督这些资源的利用

3.下列各项中，属于注册会计师总体审计策略审核事项的是（ ）。

A.审计程序能否达到审计目标　　　　B.审计程序能否适合审计目的的具体情况

C.对审计重要性的制定是否恰当　　　D.重点审计程序的制定是否恰当

4.（　　）是对审计的预期范围和实施方式所做的规划，是审计人员对从接受审计委托到出具审计报告整个过程的基本工作内容的综合计划。

A.总体审计策略　　　　　　　　　　B.具体审计计划

C.审计准则　　　　　　　　　　　　D.审计业务约定书

5.在制定总体审计策略时，注册会计师不用考虑的是（　　）。

A.审计范围　　　　　　　　　　　　B.审计业务的特征

C.审计方向　　　　　　　　　　　　D.财务报告目标

二、多项选择题

1.审计计划分为（　　）两个层次。

A.总体审计策略　　　　　　　　　　B.具体审计计划

C.前期计划　　　　　　　　　　　　D.后期计划

2.在制定总体审计策略时，注册会计师还应考虑（　　）。

A.审计收费

B.审计时间、范围等

C.初步业务活动的结果

D.为被审计单位提供其他服务时所获得的经验

3.总体审计策略用以（　　）。

A.指导实施审计　　　　　　　　　　B.确定审计范围、时间和方向

C.指导制订具体审计计划　　　　　　D.确定审计收费

4.注册会计师应当在总体审计策略中清楚地说明（　　）。

A.向具体审计领域调配的资源　　　　B.向具体审计领域分配资源的数量

C.何时调配这些资源　　　　　　　　D.如何管理、指导、监督这些资源的利用

5.总体审计策略的制定应当包括明确审计业务的报告目标，以计划审计的时间安排和所需沟通的性质，包括（　　）。

A.开始审计的日期　　　　　　　　　B.聘请专家的日期

C.提交审计报告的时间要求　　　　　D.预期与管理层和治理层沟通的重要日期

三、判断题

1.审计计划分为总体审计策略与具体审计计划两个层次。　　　　　　　　（　　）

2.总体审计策略可用于确定审计范围、时间和方向，并指导制订具体审计计划。

（　　）

3.在制定总体审计策略时，注册会计师应当考虑审计范围、报告目标和审计方向。

（　　）

4.在制定总体审计策略时，注册会计师不用考虑初步业务活动的结果，以及为被审计单位提供其他服务时所获得的经验。　　　　　　　　　　　　　　　（　　）

5.注册会计师应当在总体审计策略中清楚地说明向具体审计领域调配的资源，包括向高风险领域分派有适当经验的项目组成员和就复杂的问题利用专家工作等。（　　）

四、案例题

资料：皖江物流在2012年、2013年通过各种财务舞弊手段共虚增销售收入超过91亿元，而长期以来对皖江物流进行外部审计的华普天健会计师事务所（以下简称"华普天健"），对该公司出具的审计报告都是无保留意见。2014年4月，因皖江物流董事兼常务副总经理汪晓秀上任期满，所以对其进行离任审计，结果在其间发现淮矿物流的应收款项存在重大坏账风险，但当时并没有披露出来。三个月后，皖江物流迫于民生银行债务的压力对外承认了其子公司——淮矿物流，被西林钢铁占用2.1亿元资金，但皖江物流同时在声明中表示此风险可控，而同年9月，皖江物流就被曝出通过签订阴阳合同、少记当期财务费用、不恰当计提坏账三种方式虚增收入91亿元和虚增利润5亿元，公司分别在2011年和2013年为其他多家公司共提供的29亿元巨额担保也没有履行应有的审议程序，更没有及时对外披露。对皖江物流此次的财务造假行为中国证监会作出的惩罚是：给予警告，并处以50万元罚款。

华普天健的注册会计师在对皖江物流进行审计前制定审计策略时，只从自身角度出发，考虑如何降低审计风险，但忘了从管理层的角度出发，判断其进行财务造假的可能性。从华普天健的注册会计师的角度看：其认真审计的成本高、一般审计的成本较低、几乎没有被发现后的处罚成本。若只考虑这三个因素，很容易倾向一般审计策略，其也的确是这么选择的，皖江物流也很有可能是抓住了这一点，才大胆选择进行财务造假获取额外收益。若华普天健的注册会计师能从皖江物流的角度考虑到其造假的额外收益很高，处罚成本很低这两项很可能导致其进行造假行为的因素，就一定会更倾向于认真审计，从而也能够有效避免审计失败。

要求：华普天健的注册会计师在对皖江物流进行审计前制定审计策略的问题有哪些？

任务4　编制具体审计计划

一、单项选择题

1.（　　）是依据总体审计策略制定的，对项目组成员拟实施的审计程序的性质、时间和范围所做的详细规划与说明。其目的是帮助项目组成员获取充分、适当的审计证据以将审计风险降至可接受的低水平。

    A.总体审计策略　　　　　　　　　B.审计业务约定书

    C.审计依据　　　　　　　　　　　D.具体审计计划

2.总体审计策略和具体审计计划是由（　　）负责编制的。

    A.项目合伙人　　　B.主任会计师　　　C.项目负责人　　　D.审计助理

3.编制（　　）的目的是帮助项目组成员获取充分、适当的审计证据以将审计风险降至可接受的低水平。

A.总体审计策略　　B.审计业务约定书　　C.审计依据　　　　D.具体审计计划

4.总体审计策略侧重于（　　）。

A.整体审计工作的安排　　　　　　B.具体审计程序的安排

C.整个计划审计工作的安排　　　　D.整个实施审计工作的安排

5.具体审计计划侧重于（　　）。

A.整体审计工作的安排　　　　　　B.具体审计程序的安排

C.整个计划审计工作的安排　　　　D.整个实施审计工作的安排

二、多项选择题

1.具体审计计划包括的内容有（　　）。

A.风险评估程序　　　　　　　　　B.控制测试

C.计划实施的进一步审计程序　　　D.计划实施其他审计程序

2.审计计划中，注册会计师对项目组成员工作的指导，监督与复核的性质、时间和范围主要取决于（　　）。

A.被审计单位的规模和复杂程度

B.审计领域

C.重大错报风险

D.执行审计工作的项目组成员的素质和专业胜任能力

3.注册会计师计划的进一步审计程序可以分为（　　）。

A.进一步审计程序的总体方案

B.拟实施的具体审计程序（包括进一步审计程序的具体性质、时间和范围）

C.进一步审计程序的具体方案

D.控制测试

4.下列说法中，正确的有（　　）。

A.制定总体审计策略和具体审计计划的过程紧密联系

B.编制总体审计策略的过程在具体审计计划之前

C.注册会计师应当根据实施风险评估程序的结果，对总体审计策略的内容予以调整

D.可以将总体审计策略和具体审计计划合并为一份审计计划

5.审计计划的编制主要有（　　）。

A.执行初步分析程序　　　　　　　B.初步确定重要性水平

C.评估审计风险　　　　　　　　　D.制定总体审计策略和编制具体审计计划

三、判断题

1.注册会计师可以就计划审计工作的基本情况与被审计单位管理层进行沟通，但独立制定总体审计策略和具体审计计划是注册会计师的责任。　　　　　　（　　）

2.随着审计工作的推进，对审计程序的计划进一步深入，并贯穿于整个审计过程。

（   ）

3.制定总体审计策略和具体审计计划的过程紧密联系，并且两者的内容也紧密相关。

（   ）

4.总体审计策略比具体审计计划更加详细。

（   ）

5.总体审计策略和具体审计计划在实务中往往是项目负责人和项目组中有经验的相关人员一起编制。

（   ）

四、案例题

资料：天诚正信会计师事务所承接了清丰公司2019年度财务报表审计工作，注册会计师冯海霞和李祥龙在审计银行存款过程中，与银行存款函证相关的审计计划部分内容如下：

（1）冯海霞和李祥龙向清丰公司在本期存过款的银行发函，但不包括零余额账户和在本期内注销的账户。

（2）冯海霞和李祥龙直接认定银行在回函工作中不会与企业合谋向注册会计师发出带有虚假陈述的回函，认定无须考虑与此相关的舞弊导致的重大错报风险。

（3）冯海霞和李祥龙决定以天诚正信会计师事务所的名义向银行寄发询证函。

要求：指出二人在银行存款函证相关审计工作计划中的不当之处，并简单说明理由。

综合训练

（一）

资料：审计人员受委托对清丰公司财务报表审计时，初步判断的财务报表层次的重要性水平按资产总额的1%计算为140万元，即资产账户可容忍的错误或漏报为140万元，并采用两种分配方案将这一重要性水平分给了各资产账户。清丰公司资产构成及重要性水平分配方案见表3-3。

表3-3   重要性水平的分配   单位：万元

项目	金额	甲方案	乙方案
库存现金	700	7	2.8
应收账款	2 100	21	25.2
存货	4 200	42	70
固定资产	7 000	70	42
总计	14 000	140	140

要求：根据上述资料，说明哪一种方案较为合理，并简要说明理由。

（二）

资料：注册会计师对清丰公司2019年度的财务报表进行审计，确定资产负债表的重要性水平为14万元，利润表的重要性水平为20万元。清丰公司的总资产构成见表3-4。

表3-4　　　　　　　　　　　　清丰公司的总资产构成　　　　　　　　　　　单位：万元

账户	金额
库存现金	20
应收账款	200
存货	600
固定资产	500
无形资产	80
总计	1 400

要求：（1）清丰公司2019年度财务报表层次的计划重要性是多少？

（2）按资产所占比例如何分配财务报表层次的重要性到各账户？有无缺陷？为什么？

（三）

资料：天诚正信会计师事务所指派冯海霞担任清丰公司2019年度财务报表审计业务的项目合伙人。冯海霞正在编制清丰公司的审计计划，相关资料如下：

（1）根据天诚正信会计师事务所质量控制政策和程序的要求，冯海霞将清丰公司年度财务报表审计的可接受检查风险水平确定为5%。

（2）冯海霞通过实施风险评估程序，评估了财务报表下列项目的重大错报风险，见表3-5。

表3-5　　　　　　　　　　　　　　重大错报风险评估

财务报表项目	应收账款	存货	固定资产
评估的重大错报风险	80%	20%	5%

（3）上年度审计工作底稿显示，清丰公司应收账款、存货项目的可接受检查风险水平依次为15%、20%。

要求：（1）根据资料（1）和资料（2），代冯海霞确定应收账款、存货、固定资产项目的可接受检查风险水平，写出计算公式。

（2）指出可接受检查风险水平与所需审计证据数量之间的关系，并根据资料（3）和要求（1）的结果（不考虑其他情况），指出注册会计师应如何根据上年度应收账款、存货项目审计证据的数量相应调整（增加或减少）本期所需审计证据数量。

（3）根据要求（1），指出注册会计师是否可以仅对固定资产项目实施控制测试而不实施实质性程序，简要说明理由。

（四）

资料：注册会计师冯海霞是天诚正信会计师事务所指派的清丰公司2019年度财务报表审计业务的项目合伙人。在制订审计计划、实施风险评估时，冯海霞需要考虑与重要性相关的问题，具体情况如下：

（1）基于重要性与重大错报风险的反向关系，冯海霞决定在制定总体审计策略时，首先评估重大错报风险，然后据以确定财务报表整体的重要性水平。

（2）确定财务报表整体的重要性水平时，冯海霞特别考虑了作为清丰公司最大股东的蓝海公司的决策需要，以确保金额在重要性水平以下的错报不影响蓝海公司的经济决策。

（3）清丰公司的一部分原材料可能在地震中毁损，因而无法进行现场评估，难以确定需要计提的存货跌价准备金额，冯海霞据此调低了评估的重要性水平。

（4）因审计范围受限而无法针对某类交易获取足够数量的审计证据，冯海霞利用重要性与审计证据数量的反向关系，调高了该类交易的重要性水平。

要求：逐一考虑上述每种情况，指出冯海霞的观点或做法是否存在或可能存在不当之处。如认为存在或可能存在不当之处，请简要说明理由。

（五）

资料：注册会计师冯海霞和李祥龙对清丰公司2019年度的财务报表进行审计。该公司2019年度未发生购并、分立和债务重组行为，供、产、销形势与上年相当。该公司提供的未经审计的2019年度合并财务报表附注的部分内容见表3-6。

表3-6　　　　　　　　　　长期借款项目附注（2019年年末）　　　　　金额单位：人民币万元

贷款单位	贷款金额	借款期限	年利率（%）	借款条件
A银行第一营业部	1 800	2017.8—2020.7	9.72	抵押借款
B银行第一营业部	11 650	2016.9—2019.8	7.65	抵押借款
C银行第二营业部	280	2017.1—2022.1	5.925	担保借款
合计	13 730	—	—	—

要求：假定上述附注内容中的年初数和上年比较数均已审定无误，请代冯海霞和李祥龙在计划审计阶段，请运用专业判断，必要时运用分析程序的方法，分别指出上述附注内容中存在或可能存在的不合理之处，并简要说明理由。

案例分析

资料：请阅读以下注册会计师开展计划审计工作的材料。

（1）制订延信公司审计计划。

根据《中国注册会计师审计准则第1201号——计划审计工作》的要求，注册会计师应当计划审计工作，使审计业务以有效的方式得到执行。计划审计工作包括针对审计业务制定总体审计策略和具体审计计划，以将审计风险降至可接受的低水平。项目负责人和项目组其他关键成员应当参与计划审计工作，利用其经验和见解提高计划过程的效率和效果。

（2）评估延信公司审计风险。

项目组主要通过下列审计程序进行风险评估：

①查阅以前年度的审计工作底稿。

②询问被审计单位管理层和员工。比如，通过询问负责市场和销售的人员了解所在行业的市场供求和竞争情况。

③查阅内部与外部的信息资料。内部的信息资料包括中期财务报告，重点是管理层的讲座和分析、管理报告、其他特殊目的报告，以及股东大会、董事会会议、高级管理层会议的会议记录或纪要。外部的信息资料包括外部顾问、代理机构、证券分析师等编制的关于被审计单位及其所在行业的报告，政府部门或民间行业组织发布的行业报告、宏观经济统计数据、行业统计数据，以及贸易和商业杂志等信息资料。

④与项目组成员或熟悉被审计单位所处行业的其他人员讨论。

⑤执行分析程序：将延信公司的关键业绩指标与同行业平均数据或同行业中规模相近的其他单位的数据相比较；利用从外部获取的市场份额变化趋势信息，识别延信公司竞争能力的重大变化；按业务分部分类计算销售和利润的变动趋势。

根据本次对延信公司及其环境的了解，结合以往审计经验，项目组评估的重大错报风险为中等水平。具体评估情况见表3-7、表3-8。

表3-7　　　　　　　　　　评估财务报表层次的重大错报风险

被审计单位名称：延信公司　　　　　　　编制：李新　　日期2020年1月5日　　索引号PGFX-2
内容：评估财务报表层次的重大错报风险　　复核：李童　　日期2020年1月5日　　页码1/1
会计期间：2019年1月1日—2019年12月31日

（一）了解被审计单位及其环境所识别的风险汇总

公司开发和生产的产品季节性和周期性并不明显，顾客对新产品和服务的品质感日益增加；能源消耗在成本中所占比重不大，能源价格的变化对成本的影响较小。但随着关税的降低，国际大公司产品进入中国市场的成本降低，公司将面临来自国际大公司的在技术、资金、人才、质量、价格等方面更加激烈的竞争，从而给公司带来新的经营风险。

该公司属于化工行业，同行业生产厂家众多，同时，国内日用品市场开放较早，世界一流的日用品公司均已进入我国，行业内部竞争较激烈。作为在完全竞争市场中的消费品公司，从长期的角度看，公司面临的风险仍然来自于人才与市场的风险。

新出台的有关产品责任、质量安全或环境保护的法律法规以及新的企业所得税法等对企业经营有利好影响。

由于市场竞争，化妆品行业存在一定的并购机会，公司力求在这个市场上寻求合适的并购机会，为公司未来的业绩增长奠定基础。相关项目可能涉及的资金需求，公司将从现有融资渠道获得。

项目组依据上述情况，识别出延信公司可能存在经营风险，其领域主要集中于行业发展、监管要求、业务扩张、新实施的会计法规等方面。

（二）被审计单位整体层面内部控制的评价结论

延信公司对诚信和道德价值观念的沟通与落实情况良好；治理层和管理层对相关人员的胜任能力比较重视；董事会建立了审计委员会；管理层的理念和经营风格风险适中；组织结构及职权与责任的分配比较明确。

通过对内部控制的了解，该公司的内部控制制度基本健全且执行有效，评估的重大错报风险为中等水平。

（三）舞弊风险汇总

舞弊风险存在的可能性很小。

（四）评估财务报表层次的重大错报风险——结论

被审计单位总体风险评估为：风险中等，在可控制的范围内。

表3-8　　　　　　　　　　　　　评估认定层次的重大错报风险

被审计单位名称：延信股份有限公司　　　　编制：李新　日期2020年1月5日　　索引号PGFX-3
内容：评估认定层次的重大错报风险　　　　复核：李童　日期2020年1月5日　　页码1/1
会计期间：2019年1月1日—2019年12月31日

重大账户	认定	识别的重大错报风险	风险评估结果
			重大错报风险
应收账款	存在、完整	经营风险	高水平
短期借款	存在、权利和义务	经营风险	中等水平
所得税费用	计价和分摊	经营风险	中等水平
原材料	存在、计价和分摊	经营风险	中等水平
应交税费	完整、计价和分摊	经营风险	中等水平
主营业务收入	发生、完整、截止、准确性	经营风险	高水平
应付职工薪酬	存在、完整	经营风险	中等水平
坏账准备	计价和分摊	经营风险	中等水平

（3）确定重要性水平

根据《中国注册会计师审计准则第1221号——计划和执行审计工作时的重要性》的规定，实际执行的重要性是指注册会计师确定的低于财务报表整体的重要性的一个或多个金额，旨在将未更正和未发现错报的汇总数超过财务报表整体的重要性的可能性降至适当的低水平。如果适用，实际执行的重要性还指注册会计师确定的低于特定类别的交易、账户余额或披露的重要性水平的一个或多个金额。

在制定总体审计策略时，注册会计师应当确定财务报表整体的重要性。根据被审计单位的特定情况，如果存在一个或多个特定类别的交易、账户余额或披露，其发生的错报金额虽然低于财务报表整体的重要性，但合理预期可能影响财务报表使用者依据财务报表做出的经济决策，注册会计师还应当确定适用于这些交易、账户余额或披露的一个或多个重要性水平。注册会计师应当确定实际执行的重要性，以评估重大错报风险并确定进一步审计程序的性质、时间安排和范围。

延信公司财务报表的部分信息见表3-9、表3-10。审计项目组根据这些资料及相关因素确定财务报表层次和各类交易、账户余额、披露层次的重要性水平。

表3-9　　　　　　　　　　　延信公司资产负债表部分数据　　　　　　　　　　单位：元

报告期	2019-12-31	报告期	2019-12-31
货币资金	33 765 809	应付账款	31 669 141
应收账款	20 160 800	预收款项	12 867 820
其他应收款	0	其他应付款	11 101 962
减：坏账准备	1 509 810	应付职工薪酬	128 902
应收款项	18 650 990	应交税费	2 000 000
预付款项	2 837 602	流动负债合计	57 767 825
存货	32 113 112	其他非流动负债	399 652
其他流动资产	0	非流动负债合计	399 652
流动资产合计	87 367 513	负债合计	58 167 477
长期股权投资	9 505 797	少数股东权益	5 007 862
长期投资	9 562 886	股本	17 525 939
固定资产	37 380 852	资本公积	39 088 331
在建工程	1 799 466	盈余公积	6 746 417
无形资产	4 280 020	其中：任意盈余公积	0
长期待摊费用	3 116 443	未分配利润	16 971 154
无形资产及其他资产合计	7 396 463	股东权益合计	85 339 703
资产总计	143 507 180	负债及股东权益总计	143 507 180

表 3-10 延信公司的利润表	单位：元
报告期	2019年度
一、营业收入	100 655 260
减：营业成本	59 996 200
税金及附加	1 931 173
销售费用	5 962 616
管理费用	6 298 353
财务费用	1 578 658
加：投资收益	1 807 896
二、营业利润	26 696 156
加：营业外收入	1 097 342
减：营业外支出	103 968
三、利润总额	27 689 530
减：所得税费用	6 922 382.5
四、净利润	20 767 147.5

①确定财务报表层次的重要性水平

注册会计师通常先选择一个恰当的基准，再选用适当的百分比乘以该基准，从而得出财务报表层次的重要性水平。在实务中，有许多汇总性财务数据可以用作确定财务报表层次重要性水平的基准，如总资产、净资产、销售收入、费用总额、毛利、净利润等。在选择适当的基准时，注册会计师应当考虑的因素包括：a.财务报表的要素（如资产、负债、所有者权益、收入和费用等）、适用的会计准则和相关会计制度所定义的财务报表指标（如财务状况、经营成果和现金流量），以及适用的会计准则和相关会计制度提出的其他具体要求；b.对某被审计单位而言，是否存在财务报表使用者特别关注的财务报表项目（如特别关注与评价经营成果相关的信息）；c.被审计单位的性质及所在行业；d.被审计单位的规模、所有权性质以及融资方式。

在确定恰当的基准后，注册会计师通常运用职业判断合理选择百分比，据以确定重要性水平。以下是一些可供参考的经验数据：a.对以营利为目的的企业，来自经常性业务的税前利润或税后净利润的5%，或总收入的0.5%，在适当情况下，也可采用总资产或净资产的一定比例等；b.对非营利组织，费用总额或总收入的0.5%；c.对共同基金公司，净资产的0.5%。

立承会计师事务所项目组评估的延信公司2019年度财务报表层次的重要性水平见表3-11。

②确定各项交易、账户余额、披露层次的重要性水平

注册会计师在确定各账户或各项交易的重要性水平时，主要考虑以下因素：a.各账户或各项交易的性质，对于重要的账户或交易，注册会计师应当从严制定重要性水平；b.各账户或各项交易重要性水平与财务报表层次重要性水平的关系。谨防注册会计师把全部重要性金额都分配给一个账户。在实务中，很多注册会计师选择资产负债表账户作为分配的基础，将财务报表层次的重要性水平分配给资产负债表账户。原因是根据复式记账原理，大多数利润表的错报对资产负债表产生的影响是相等的。

立承会计师事务所项目组评估的延信公司各类交易、账户余额、披露层次的重要性水平见表3-11。

表3-11　　　　　　　　　　　　　　重要性水平评估表　　　　　　　　　　金额单位：元

被审计单位名称：延信公司　　　　　　编制：李新　日期2020年1月6日　　　索引号PGFX-4
内容：重要性水平评估　　　　　　　　复核：李童　日期2020年1月6日　　　页码1/1
会计期间：2019年1月1日—2019年12月31日

	年份或项目	利润总额	营业收入	资产总额	净资产
重要性水平评估	前三年平均	—	—	—	—
	当年未审数	27 689 530	100 655 260	143 507 180	85 339 703
	重要性参考标准	—	—	—	—
	重要性标准（比例）	10%	1%	1%	1%
	重要性标准（绝对值）	2 768 953	1 006 553	1 435 072	853 397
	延信公司财务报表层次重要性水平确定为853 397元				
重要性水平分配	账户名称	金额	账户名称	金额	
	应收账款	140 000	长期待摊费用	70 000	
	预付账款	93 000	无形资产	50 000	
	其他应收款	10 000	应付账款	80 000	
	存货	150 000	预收账款	30 000	
	长期投资	20 300	其他应付款	30 097	
	固定资产	80 000	其他流动负债	—	
	在建工程	60 000	非流动负债	40 000	
说明	1.重要性水平的评估适用于利润比较稳定、收入较低、资产规模不大的企业 2.货币资金、应交税费、实收资本等账户不在重要性水平评估范围之内 3.重要性标准计算基础以当年未审数为主，适当参考前三年平均数进行职业判断				

（4）制定延信公司总体审计策略

总体审计策略可用于确定审计范围、时间和方向，并指导制订具体审计计划。

制定总体审计策略的过程有助于注册会计师确定下列事项：①向具体审计领域调配的资源，包括向高风险领域分派有相当经验的项目组成员，就复杂的事项利用专家工作等；②向具体审计领域分配资源的多少，包括分配到重要地点进行存货监盘的项目组成员的人数，在集团审计中复核部分注册会计师工作的范围，向高风险领域分配的审计时间预算等；③何时调配这些资源，包括是在期中审计阶段还是在关键的截止日期调配资源等；④如何管理、指导、监督调配这些资源，包括预期何时召开项目组预备会和总结会，预期项目合伙人和经理如何进行复核（是现场复核还是非现场复核），是否需要实施项目质量控制复核等。

立承会计师事务所项目组制定的延信公司2019年年报审计总体审计策略见表3-12。

表3-12   总体审计策略

被审计单位名称：延信公司   编制：李新   日期2020年1月6日   索引号JH-1

内容：总体审计策略   复核：李童   日期2020年1月6日   页码1/1

会计期间：2019年1月1日—2019年12月31日

1.审计工作范围

（1）适用的会计准则和相关会计制度

执行财政部最新颁布的企业会计准则。

（2）适用的审计准则

审计业务适用中国注册会计师审计准则。

（3）与财务报告相关的行业特别规定

《财政部关于执行企业会计准则的上市公司和非上市企业做好2019年年报工作的通知》（财会〔2019〕25号）；《2019年年报要求》（证监会公告〔2019〕37号）。

（4）需审计的集团内组成部分的数量及所在地点

公司组织结构简单，设有管理部门和4个控股子公司，本部和子公司分别独立核算，对外报表为抵销内部事项后的汇总报表。

（5）制定审计策略需考虑的其他事项

根据本次审计的目的，审计范围为被审计单位2019年度财务报表及其编制基础，包括公司的相关内控制度、会计基础资料和其他财务资料等，具体包括：

①2019年财务报表、总账、明细账、记账凭证、原始凭证；

②2019年与生产经营等相关的税务资料、重要董事会决议、重要合同、协议、对外诉讼、经营政策等；

③财务制度、会计核算方法、主要财务预（决）算、财务考核、财务分析等方面的资料；

④主要内部控制制度、人事管理办法等；

⑤与财务报表审计有关的其他财务资料。

2.重要性

以资产总额的1%、净资产的1%、营业收入的1%、利润总额的10%为计算基础，选择其中最小的金额853 397元确定为财务报表层次的重要性水平。可能存在较高的重大错报风险的领域为销售业务和应收账款，需要针对内部控制的有效性获取审计证据。

续表

3.报告目标、时间安排及所需沟通

（1）报告目标为对公司2019年度财务报表进行审计，并出具审计报告

在实施审计工作的基础上对被审计单位财务报表发表审计意见是注册会计师的责任。2020年2月26日向被审计单位提交审计报告，预期与管理层和治理层沟通的时间为2020年2月16日。

（2）总体时间安排

按照委托单位的整体时间安排，2020年1月5日—2020年2月15日对延信公司的财务报表进行外勤审计，拟于2020年2月26日提交正式审计报告。

（3）实施审计阶段时间安排

4.人员安排

姓名	职位	主要职责
刘海		独立复核人
刘洋	合伙人	总协调，二级复核人
李新	项目经理	现场负责人；了解被审计单位（除业务流程的内部控制外所有内容）；评估重大错报风险，实施风险评估阶段和总体复核阶段的分析程序；制订审计计划；汇总报表、交换意见、试算平衡、撰写审计总结及审计报告草稿
李童	组员	审计存货、生产成本
辛酷	组员	审计营业成本、所得税费用、递延所得税资产、应交税费、税金及附加、所有者权益类
杜丽	组员	审计在建工程、固定资产、工程物资、现金流量表
严肃	组员	审计营业收入、应收账款、预收账款、应收票据、资产减值损失；关联方及其交易
石娜	组员	审计货币资金、其他应收款、其他应付款、应付职工薪酬；无形资产、开发支出；应收股利、应付利息
吕萌	组员	审计管理费用、销售费用、财务费用；应付账款、预付账款、募投资金使用

5.对内部审计工作的利用

注册会计师就下列事项与延信公司内部审计人员协调：

（1）审计工作的时间

（2）审计覆盖的范围

（3）重要性水平

（4）拟确定的选取样本的方法

（5）对已实施工作的记录

（6）复核与报告程序

（7）获取相关的内部审计报告，并了解所有引起内部审计人员关注、可能影响注册会计师工作的重大事项

6.对其他注册会计师工作的利用

了解上年度审计中存在的主要问题，发表相应审计意见的主要依据等，同时查阅上年度审计工作底稿。

（5）编制延信公司具体审计计划

总体审计策略一经制定，注册会计师应当针对总体审计策略中所识别的不同事项，为审计工作制订具体审计计划，并考虑通过有效利用审计资源以实现审计目标。

具体审计计划的内容包括：

①按照《中国注册会计师审计准则第1211号——通过了解被审计单位及其环境识别和评估重大错报风险》的规定，计划实施的风险评估程序的性质、时间安排和范围。

②按照《中国注册会计师审计准则第1231号——针对评估的重大错报风险采取的应对措施》的规定，在认定层次计划实施的进一步审计程序的性质、时间安排和范围。

③按照中国注册会计师审计准则的规定，计划应当实施的其他审计程序。

具体审计计划比总体审计策略更加详细，其内容包括项目组成员拟实施的审计程序的性质、时间安排和范围。这些审计程序，会随着具体审计计划的制订逐步深入，并贯穿于审计的整个过程。

立承会计师事务所项目组制订的延信公司2019年年报具体审计计划见表3-13。

表3-13　　　　　　　　　　　具体审计计划

被审计单位名称：延信公司　　　　　　　编制：李新　日期2020年1月6日　索引号JH-2

内容：具体审计计划　　　　　　　　　　复核：李童　日期2020年1月6日　页码1/1

会计期间：2019年1月1日—2019年12月31日

1.风险评估程序

由项目组记录为了解被审计单位及其环境所执行的程序，包括询问管理层有关业务、经营情况，观察实物存放状况，检查文件资料，分析年度报表、中期报表中的财务信息等。其中也包括针对特别项目的审计程序。

2.了解被审计单位及其环境（不包括内部控制）

从行业状况、法律环境与监管环境及其他外部因素，被审计单位的性质，会计政策的选择和运用，目标、战略及相关经营风险，财务业绩的衡量与评价五个方面记录对被审计单位及其环境的了解、信息来源及风险评估程序。

3.了解内部控制

从控制环境、风险评估过程、信息系统与沟通、控制活动、对控制的监督五个方面了解、关注并评估与财务报表重大错报风险有关的内部控制，记录被审计单位所具有的控制，以及项目组为评价上述控制的设计和是否得到执行所实施的审计程序及其结果。

4.对风险评估及审计计划的讨论

项目组基于以上对被审计单位及其环境的了解进行讨论，如对由关联方交易导致的财务报表的重大错报风险的怀疑、对项目组成员职责分工的讨论等。

5.评估的重大错报风险

延信公司最近三年均由我所为其提供审计服务，且均出具了无保留意见的审计报告。在历次审计中我所均执行了较详细的风险评估程序，公司自上次审计后各方面无重大变化，我们认为延信公司存在财务报表层次重大错报风险的可能性低，认定层次的重大错报风险存在于销售循环领域，涉及的财务报表项目为营业收入、应收账款、营业成本、存货以及募集资金使用领域。

6.计划的进一步审计程序

经上述了解和评估后，决定执行综合性审计方案，包括对重要的5个循环进行内部控制测试，对本部和分公司的所有报表项目和特定项目执行实质性细节测试程序。

内部控制测试：根据公司内部控制基本没有变化的实际情况，本年度只做部分重点内部控制测试。

细节测试：所有项目均要求做详细的细节性测试，其中货币资金、财务费用（含关联方资金占用费）、应收账款、应收票据、营业收入、营业成本、存货中的原材料和产成品为本次审计的重点项目。审计的原则为：对每一报表项目，按照可供选择的审计程序全部执行，除非不适用。项目经理要对重点审计项目加强指导和监督，指派业务水平高的人员进行审计，尤其是上述重要项目的重要审计程序。

第一，函证：

（1）银行函证比例为100%，审计人员要按银行询证函的函证内容逐条清理，填写完整后亲自到银行函证。尤其对银行借款、对外担保、应收票据、应付票据等要格外仔细取得证据。

（2）往来函证。关联方往来不函证，直接对账，并检查双方的未达账项调节表。对非关联方不分国内、国外，统一对国内、国外客户大额往来进行函证。具体执行方案为：选取期末余额在10万元以上大额的非关联方应收账款进行函证，总体函证比例控制在65%以上；选取期末余额在2 000元以上的非关联方预收账款约3户进行函证，函证比例控制在80%以上；预付账款选取余额大户函证，小户随机抽查，总体函证比例达到60%以上；应付账款的特点是户数多，每户余额小，主要依靠存货的审计程序，函证比例可以小一些；其他应收、其他应付款的非关联方余额很小，不发询证函。

若回函率能达到90%，且回函结果满意，审计即不再执行其他替代审计程序；如果对回函结果不满意，要执行其他替代审计程序。

第二，监盘：

存货监盘：拟于现场审计时指派4人（本部2人、分公司2人）对公司主要存货——原材料、产成品进行抽盘，并对本部和分公司的绝大部分原材料和产成品进行全盘，盘点时注意观察了解企业存货的存放状况，观察积压、残次和毁损等其他异常情况，复盘结果无误。本次外勤重点对期末盘点的结果与财务账面进行核对，并进一步执行主要原材料和产成品的出、入库测试和计价测试。

固定资产抽盘：根据前次审计了解的情况和审计的结果，固定资产审计风险评估为中等，基于审慎性考虑，本次审计仍要抽盘主要固定资产，抽盘时要注意观察固定资产品质状况、使用情况等，抽盘比例要达到期末余额的50%。

第三，期后、或有事项：

审计拟在接近外勤结束时，取得贷款卡，到公司开户和有借款的市商业银行打印公司与银行的资金往来，包括表内业务和表外业务。

与企业律师沟通，以发现诉讼、纠纷及其他或有事项。

对公司董事、董秘、律师、券商进行访谈，以发现是否存在应调整或应披露的期后事项。

7.其他程序

总体分析程序：对资产负债表数据进行对比分析，对变动异常的项目进行分析，与企业经营管理、生产人员沟通，与实际经营情况对照，判断可能存在重大错报的领域。

　　存货分析程序：分析12月末在产品、产成品、原材料的期末余额变动，根据实际生产、采购、销售情况整体判断各类存货的变动是否正常。

　　存货盘点核对：因存货的盘点涉及多个科目的正确列报，有存货、应付账款、营业收入与成本、应收账款、应交税费等，全面核对盘点数据和财务数据，并与营业收入、应收账款、预收账款、营业成本、应付账款等审计程序结合起来，考虑对以上科目的影响。

　　8.计划的进一步审计程序

　　经上述了解和评估后，决定执行综合性审计方案，包括对重要的五个循环进行内部控制测试，对本部和分公司的所有报表项目和特定项目执行实质性细节测试程序。

　　内部控制测试：根据公司内部控制基本没有变化的实际情况，本年度只做部分重点内部控制测试。

　　要求：阅读材料，了解会计师事务所和注册会计师如何计划审计工作。

项目四

实施审计

任务1　审计测试流程——风险评估和风险应对

一、单项选择题

1.注册会计师想要了解被审计单位的营销策略及其变化，最好询问（　　）。

  A.内部审计人员　　　　　　　　　　B.仓库人员

  C.营销人员　　　　　　　　　　　　D.内部法律顾问

2.注册会计师了解被审计单位及其环境的目的是（　　）。

  A.确定重要性水平

  B.控制固有风险

  C.识别和评估财务报表的重大错报风险

  D.控制检查风险

3.注册会计师通过实施风险评估程序，以获取有关控制设计和执行的审计证据。下列程序中，难以为此获取充分、适当的证据的是（　　）。

  A.询问被审计单位的人员

  B.观察特定控制的运行

  C.检查文件和报告

  D.追踪交易在财务报告信息系统中的处理过程（穿行测试）

4.项目组内部讨论为项目组成员提供了交流信息和分享见解的机会。以下最有可能不属于项目组讨论成员的是（　　）。

  A.审计项目负责人　　　　　　　　　B.审计项目组的关键成员

  C.审计项目组的每个审计助理　　　　D.审计过程中所聘的专业技术人员

5.（　　）设定了被审计单位的内部控制基调，影响员工对内部控制的认识和态度。

  A.控制活动　　　　　B.控制监督　　　　C.控制环境　　　　D.控制检查

6.如果控制风险水平初步评估为中等水平，注册会计师获取的相关内部控制运行有效的审计证据（　　）。

  A.比评估为高水平时要多　　　　　　B.比评估为低水平时要多

  C.比评估为高水平时要少　　　　　　D.与评估为低水平时一样多

7.按照审计准则对注册会计师了解被审计单位及其环境的总体要求，注册会计师应当从以下各个方面了解被审计单位及其环境。其中，既与外部因素有关，又与内部因素有关的是（　　）。

  A.行业状况、法律与监管环境及其他外部因素

  B.被审计单位的性质、目标、战略及经营风险

  C.被审计单位财务业绩的衡量与评价

  D.被审计单位的内部控制和对会计政策的选择与运用

8.下列不属于项目组内部讨论的内容的是（　　　）。

　　A.实质性程序无法应对的重大错报风险

　　B.财务报表容易发生错报的领域以及发生错报的方式

　　C.由于舞弊导致重大错报的可能性

　　D.被审计单位面临的经营风险

9.下列关于注册会计师了解内部控制的说法中，不正确的是（　　　）。

　　A.内部控制只能对财务报告的可靠性提供合理保证，而非绝对保证

　　B.在了解被审计单位的内部控制时，只需关注控制的设计

　　C.特别风险通常与重大的非常规交易和判断事项有关

　　D.在某些情况下，仅通过实施实质性程序不能获取充分、适当的审计证据

10.在以下导致内部控制失效的各种根源中，不属于内部控制固有局限性的是（　　　）。

　　A.主观判断出现失误　　　　　　　　　B.不相容职务的设置不合理

　　C.管理人员串通舞弊　　　　　　　　　D.管理人员凌驾于内部控制之上

11.注册会计师不可以通过（　　　）方式提高审计程序的不可预见性。

　　A.对某些未测试过的低于重要性水平或风险较小的账户余额实施实质性程序

　　B.调整实施审计程序的人员，由审计助理担任关键项目的审计工作

　　C.采取不同的审计抽样方法，使当期抽取的测试样本与以前有所不同

　　D.选取不同的地点实施审计程序，或预先不告知被审计单位所选定的测试地点

12.在执行清丰公司2019年度财务报表的审计业务时，注册会计师冯海霞发现清丰公司治理层基本上没有参与公司控制环境的设计，并且通过实施询问程序确认清丰公司管理层没有建立正式的行为守则。针对这些情况，冯海霞及项目组成员正在考虑对拟实施审计程序的性质、时间和范围做出总体修改。对此，冯海霞提出了如下建议，你不认可的是（　　　）。

　　A.在期中而非期末实施更多的审计程序

　　B.通过实质性程序获取更广泛的审计证据

　　C.修改审计程序的性质，获取更具说服力的审计证据

　　D.增加审计范围中所包括的经营场所的数量

13.在实施风险评估程序以确定某项控制是否被执行时，注册会计师应当获取（　　　）方面的证据。

　　A.控制在不同时点如何运行

　　B.控制是否得到一贯执行以及由谁执行

　　C.控制是否存在，是否正在使用

　　D.控制以何种方式运行

14.控制测试与了解内部控制的目的不同，但两者采用审计程序的类型通常是相同的，但（　　　）是个例外，它仅属于控制测试。

　　A.询问、观察　　　　　　　　　　　　B.重新执行

　　C.检查文件记录　　　　　　　　　　　D.穿行测试

15.在以下关于控制测试程序的说法中，不正确的是（　　　）。

　　A.虽然穿行测试属于控制测试程序之一，但注册会计师可能更多地在了解内部控制时采用穿行测试程序

　　B.在为证实被审计单位不相容职务是否分离而进行的控制测试中，采用观察程序很可能比检查程序更为有效

　　C.为证实被审计单位在开具销售发票后是否由独立人员对发票的数量、单价、金额等进行核对，最有效的控制测试程序是检查

　　D.虽然询问是一种有用的控制测试程序，但必须与其他控制测试程序相结合才能发挥其作用

16.注册会计师冯海霞在执行清丰公司2019年度财务报表审计业务的外勤工作期间，测试了清丰公司的内部控制。除了（　　　）以外，仅在外勤工作期间实施控制测试不足以证实相关内部控制的有效性。

　　A.年末存货盘点计划的执行　　　　　　　B.空白支票的保管

　　C.固定资产年度预算编制　　　　　　　　D.销售发票的复核

17.在下列各项中，注册会计师通常认为不适合运用实质性分析程序的是（　　　）。

　　A.存款利息收入　　　　　　　　　　　　B.借款利息支出

　　C.营业外收入　　　　　　　　　　　　　D.销售费用

18.实质性分析程序更适合于针对（　　　）进行测试。

　　A.交易量大的账户　　　　　　　　　　　B.账户余额的认定

　　C.交易量小但金额较大的计价认定　　　　D.存在或发生

19.在对清丰公司2019年度与固定资产相关的内部控制进行了解、测试后，注册会计师冯海霞根据所掌握的情况形成了以下专业判断。其中，不正确的是（　　　）。

　　A.清丰公司建立了比较完善的固定资产处置制度，且2019年度发生的处置业务没有对当期损益产生重大影响，冯海霞决定不再对固定资产处置业务进行实质性程序

　　B.清丰公司的固定资产没有按类别、使用部门、使用状况等进行明细核算，冯海霞决定减少与之相关的控制测试并加大实质性程序样本量

　　C.清丰公司建立了比较完善的固定资产定期盘点制度，于2019年12月31日对固定资产进行了全面盘点，并根据盘点结果进行了相关会计处理，冯海霞决定适当减少抽查清丰公司固定资产的样本量

　　D.清丰公司2019年度固定资产的实际增减变化与固定资产年度预算基本一致，冯海霞决定减少对固定资产增减变化进行实质性程序的样本量

20.对于应收账款的准确性、计价和分摊认定，假定注册会计师设计的下列进一步实质性程序均能实施，且款项均已收回，你认为其中最有效的程序是（　　　）。

　　A.向债务人发出询证函　　　　　　　　　B.检查期后收款的情况

　　C.检查应收账款的账龄　　　　　　　　　D.了解欠款客户的信用

二、多项选择题

1.注册会计师应当实施的观察和检查程序包括（　　）。

　　A.将预期的结果与被审计单位记录的金额、依据金额计算的比率、趋势进行比较

　　B.检查文件、记录和内部控制手册，阅读由管理层和治理层编制的报告

　　C.追踪交易在财务报告信息系统中的处理过程，实施穿行测试

　　D.实地察看被审计单位的生产经营场所和设备

2.注册会计师了解被审计单位的性质，包括对被审计单位经营活动的了解。为此应当了解的内容有（　　）。

　　A.劳动用工情况以及与生产产品或提供劳务相关的市场信息

　　B.主营业务的性质，生产设施、仓库的地理位置及办公地点

　　C.从事电子商务的情况，技术研究与产品开发活动及其支出

　　D.联合经营与业务外包，地区与行业分布，固定资产的租赁

3.下列有关风险评估的说法中，正确的有（　　）。

　　A.了解被审计单位及其环境是注册会计师必须实施的程序，而非可选择程序

　　B.了解被审计单位及其环境是注册会计师可以实施的程序，而非必须执行的程序

　　C.注册会计师了解被审计单位的目的是识别和评估重大错报风险以设计和实施进一步程序

　　D.了解被审计单位及其环境，贯穿于整个审计过程

4.评估被审计单位的重大错报风险是注册会计师执行财务报表审计业务时的重要步骤。下列事项和情况可能表明被审计单位存在重大错报风险的有（　　）。

　　A.关键人员发生变动

　　B.具备进行适当会计核算与编制财务报告技能的人员缺乏

　　C.开辟新的经营场所

　　D.开发新产品、提供新服务或进入新的业务领域

5.注册会计师在整体层面对内部控制进行了解和评估时，可以考虑采用（　　）等与风险评估程序相结合的方式，以获取审计证据。

　　A.询问被审计单位人员　　　　　　　　B.检查内部控制文件和报告

　　C.重新执行　　　　　　　　　　　　　D.观察特定控制的应用

6.注册会计师在执行财务报表审计业务时，应当执行恰当的审计程序。下列程序中，每次审计时均必须实施的有（　　）。

　　A.将财务报表与其所依据的会计记录相核对

　　B.检查报表编制过程中做出的重大会计分录调整

　　C.专门针对重大错报风险实施的控制测试

　　D.针对内部控制执行的有效性实施控制测试

7.在进行控制测试时，注册会计师单独使用（　　）程序获取的证据不足以证实内

部控制的有效性。

　　　　A.询问　　　　　　B.检查　　　　　　C.重新执行　　　　D.观察

　　8.A材料是清丰公司生产必需的原材料,平均每天发生数十起领料业务。为对清丰公司与领取A材料相关内部控制的执行效果进行测试,注册会计师至少应当同时执行的程序有(　　　　)。

　　　　A.选择接近年末发生的领料业务进行控制测试

　　　　B.从被审计年度选取多个时点实施控制测试

　　　　C.测试清丰公司对领取A材料相关内部控制的监督

　　　　D.在被审计年度的期中对所属内部控制进行测试

　　9.细节测试的对象包括(　　　　)。

　　　　A.交易　　　　　　　　　　　　B.账户余额

　　　　C.财务报表披露　　　　　　　　D.数据之间的关系

　　10.在执行清丰公司2019年度财务报表审计业务时,如果存在下列(　　　　)情形之一时,注册会计师应当实施控制测试。

　　　　A.在了解清丰公司及其环境并评估重大错报风险时,发现清丰公司上年度内部控制并未有效实施,但本期已对相关人员进行了轮换

　　　　B.在评估认定层次重大错报风险时,注册会计师注意到清丰公司的内部控制已连续3年有效实施,没有迹象表明本期内部控制有变化

　　　　C.清丰公司2019年下半年新增10笔长期股权投资业务,投资金额均在100万~200万元之间

　　　　D.清丰公司的销售业务采用电子交易方式,交易笔数达2 000万次,且不存在适当的计算机辅助审计技术供注册会计师采用

三、判断题

　　1.由于注册会计师对重大错报风险的评估是一种判断,并且内部控制存在固有局限性,因此,无论评估的重大错报风险结果如何,注册会计师均应当针对所有重大的各类交易、账户余额、列报实施控制测试和实质性程序。　　　　　　　　　　　(　　　)

　　2.细节测试是实质性程序中必不可少的审计程序。　　　　　　　　　　　(　　　)

　　3.如果已识别出由于舞弊导致的重大错报风险,为将期中得出的结论延伸至期末而实施的审计程序通常是无效的,注册会计师应当考虑在期末或是接近期末实施实质性程序。　　　　　　　　　　　　　　　　　　　　　　　　　　　　　　(　　　)

　　4.注册会计师对内部控制的了解可以代替对控制运行有效性的测试。　　　(　　　)

　　5.注册会计师应当针对评估的认定层次重大错报风险确定总体应对措施。(　　　)

　　6.由于清丰公司对其日常销售业务采取了高度自动化的处理方式,注册会计师所取得的审计证据均以电子形式存在。对此,注册会计师应全部或主要依赖实质性程序获取充分、适当的审计证据。其充分性和适当性通常取决于自动化信息系统的相关控制的有效性,注册会计师应当考虑仅通过实施实质性程序不能获取充分、适当的审计证据的可能性。　　　　　　　　　　　　　　　　　　　　　　　　　　　　　　(　　　)

7.在确定哪些风险是特别风险时，注册会计师应当在考虑了识别出的控制对相关风险的抵销效果后，根据风险的性质、潜在错报的重要程度和发生的可能性，判断风险是否属于特别风险。　　　　　　　　　　　　　　　　　　　　　　　　　（　　）

8.财务报表层次的重大错报风险很可能源于薄弱的控制环境。　　　　　　（　　）

9.企业的经营风险最终都会产生财务后果，从而影响财务报表，并导致重大错报风险。注册会计师应当全面识别和评估企业的经营风险。　　　　　　　　　　　　（　　）

10.控制测试只有在注册会计师预期有效而且符合成本效益原则，值得测试时才有必要进行测试。　　　　　　　　　　　　　　　　　　　　　　　　　　　（　　）

四、案例题

1.资料：天诚正信会计师事务所的注册会计师冯海霞负责审计清丰公司2019年度财务报表，其中未审资产负债表资产总额为100 000万元，未审利润表利润总额为1 200万元，天诚正信会计师事务所对清丰公司确定的重要性水平为其资产总额的0.05%，利润总额的3%。冯海霞在工作底稿中记录了所了解的清丰公司及其环境，部分内容摘录如下：

（1）2019年，受政策法规的影响，产品销量下降60%。

（2）在2019年年初召开的销售动员大会上，面对严峻的销售形势，董事长提出了"保五争十"的销售目标，即销售收入增长率无论如何也要保证在5%的水平上，力争达到10%。如果能够达到5%，管理层及销售经理年度奖金将与2018年同比增长；如果能够达到10%，则管理层及销售经理年度奖金将比2018年增长15%。

（3）为了实现销售目标，管理层要求加大促销力度，对于一些小额礼品费用，销售人员可以"先斩后奏"，未经销售经理批准即可先行垫付，然后再拿发票到公司报销。管理层为此提高销售费用预算，预算的销售费用在2018年的基础上增长30%。

（4）2019年11月，记者对清丰公司的虚假宣传行为进行曝光，引起政府监管部门注意，政府监管部门因此调查清丰公司，调查结果认为清丰公司存在虚假宣传、侵犯消费者知情权的情况，清丰公司面临巨额罚款。

（5）清丰公司管理层看重销售而忽视财务，未能配置足够数量的财务人员，财务人员工作压力很大，报酬却比较低，因此，财务人员队伍极不稳定。

（6）清丰公司2019年3月开工建设一处新厂房，为此向银行借入专门借款20 000万元，借款年利率为5%。

（7）相较于2018年，清丰公司的固定资产规模未发生变动，与折旧相关的会计政策和会计估计未发生变更。

冯海霞在工作底稿中记录了清丰公司的相关财务数据，部分内容见表4-1。

要求：假定不考虑其他条件，逐项指出上述所列7个事项是否可能表明存在重大错报风险。如果认为存在重大错报风险，简要说明理由，并指明属于财务报表层次还是认定层次。如果属于认定层次，说明该风险主要与哪些财务报表项目（仅限于营业收入、应收账款、存货、营业成本、销售费用、固定资产、在建工程和财务费用）的哪些认定相关。将答案填入表4-2。

表 4-1　　　　　　　　　　　　部分相关财务数据　　　　　　　　　金额单位：万元

项目	2018 年	2019 年
营业收入	8 150	9 120
销售费用	1 900	3 800
财务费用	30	1 150
制造费用——折旧费	800	500
管理费用——折旧费	120	120
销售费用——折旧费	50	50

表 4-2　　　　　　　　　　　　与财务报表项目相关的认定

序号	是否可能表明存在重大错报风险	属于哪个层次	理由	财务报表项目名称及认定
（1）				
（2）				
（3）				
（4）				
（5）				
（6）				
（7）				

2.资料：清丰公司主要经营中、小型机电类产品的生产和销售，采用手工会计系统，产品销售以清丰公司仓库为交货地点。注册会计师冯海霞负责审计清丰公司 2019 年度财务报表，于 2020 年 1 月 5 日至 1 月 15 日对清丰公司的采购与付款业务循环、销售与收款业务循环的内部控制进行了解、测试与评价。

冯海霞计划实施以下程序以了解相关内部控制：

（1）询问清丰公司有关人员，并查阅相关内部控制文件。

（2）检查内部控制生成的文件和记录。

冯海霞拟订的总体审计方案中关于控制测试和评价的部分内容摘录如下：

（1）在了解内部控制后，如认为清丰公司内部控制设计合理且得到执行，则对相关内部控制进行测试。

（2）选择 2019 年 1 月 1 日至 2019 年 11 月 20 日作为控制测试样本总体的所属期间。

（3）在控制测试的基础上，形成对清丰公司 2019 年度内部控制有效性的最终评价。

要求：

（1）假定不考虑其他条件，请指出冯海霞还可以选择实施哪些审计程序以了解相关为部控制。

（2）假定不考虑其他条件，请指出冯海霞拟订的总体审计方案中关于控制测试和评价的内容存在什么缺陷，并提出改进建议。

任务2 销售与收款循环的审计

一、单项选择题

1.销售与收款循环业务的起点是（　　）。

　　A.处理顾客订单　　　　　　　　　　B.向顾客提供商品或劳务

　　C.商品或劳务转化为应收账款　　　　D.收到货币资金

2.下列各项中，预防员工贪污、挪用销售款的最有效的方法是（　　）。

　　A.记录应收账款明细账的人员不得兼任出纳

　　B.顾客支票与顾客现金的收取工作由不同的人员担任

　　C.请顾客将货款直接汇入公司所指定的银行账户

　　D.公司收到顾客支票后立即寄送收据给顾客

3.下列各项中，能证实销售与收款循环中有关存在或发生认定的最有力证明是（　　）。

　　A.顾客订货单　　　　B.销售单　　　　C.发运凭证　　　　D.销售发票

4.审计应收账款的目的不应包括（　　）。

　　A.确定应收账款的存在

　　B.确定应收账款记录的完整性

　　C.确定应收账款的回收期

　　D.确定应收账款在财务报表上列报的恰当性

5.审计人员对被审计单位实施销售业务截止测试，主要目的是检查（　　）。

　　A.年底应收账款的真实性　　　　　　B.是否存在过多的销售折扣

　　C.销售业务的入账时间是否正确　　　D.销售退回是否已经核准

6.分析应收款项账龄有助于判断（　　）。

　　A.应收账款的完整性　　　　　　　　B.赊销业务的审批情况

　　C.应收账款的可收回性　　　　　　　D.应收账款的估价

7.对通过函证无法证实的应收账款，审计人员应当执行的最有效的审计程序是（　　）。

　　A.重新测试相关的内部控制　　　　　B.审查与应收账款相关的销售凭证

　　C.实施分析程序　　　　　　　　　　D.审查资产负债表日后的收款情况

8.为了提高函证应收账款所得证据的可靠性，函证的时间最好安排在（　　）。

　　A.被审计年度的年中　　　　　　　　B.资产负债表日后适当时间

　　C.被审计年度的年初　　　　　　　　D.外勤工作结束日

9.采用（　　）结算方式，在正式向购货方发出商品时确认收入的实现。

　　A.托收承付　　　　B.预收账款　　　　C.分期收款　　　　D.交款提货

10.实施消极式函证须满足的条件不包括（　　）。

　　A.个别账户的欠款金额较大　　　　　　B.欠款余额小的债务人数量很多

　　C.预计差错率较低　　　　　　　　　　D.相关的内部控制是有效的

二、多项选择题

1.在对收入及其结算情况审计时，一般要结合（　　）进行。

　　A.应收账款　　　　B.应付账款　　　　C.预付账款　　　　D.预收账款

2.确定主营业务收入归属期是否正确，应重点审查的日期有（　　）。

　　A.发票开具日期或收款日期　　　　　　B.寄对账单日期

　　C.发货日期　　　　　　　　　　　　　D.记账日期

3.审计人员确定应收账款函证数量的大小、范围时，应考虑的主要因素有（　　）。

　　A.应收账款在全部资产中的重要性　　　B.被审计单位内部控制的强弱

　　C.以前年度函证结果　　　　　　　　　D.函证方式的选择

4.销售与收款循环业务包括的利润表项目主要有（　　）。

　　A.营业收入　　　　B.销售费用　　　　C.管理费用　　　　D.所得税费用

5.审计人员采用积极式函证较好的情形是债务人符合（　　）。

　　A.欠款可能存在差错　　　　　　　　　B.预计的差错率低

　　C.相关的内部控制有效　　　　　　　　D.个别账户的欠款金额较大

6.在审计实务中，注册会计师实施营业收入的截止测试的起点有（　　）。

　　A.以销售发票为起点　　　　　　　　　B.以账簿记录为起点

　　C.以报表为起点　　　　　　　　　　　D.以发运凭证为起点

7.由于购销双方登记入账的时间不同而使注册会计师收回的询证函产生差异，其主要表现包括（　　）。

　　A.货物仍在途中

　　B.债务人拒付货款

　　C.记账错误

　　D.债务人在函证日前已付款，而被审计单位在函证日前尚未收到款项

8.营业收入审计目标有（　　）。

　　A.确定营业收入是否全部入账

　　B.确定对销售退回、销售折扣与折让的处理是否恰当

　　C.确定营业收入的记录的期间是否正确

　　D.确定营业收入的列报是否恰当

9.在为证实登记入账的销售是否真实而进行实质性程序时，审计人员一般关心的错误有（　　）。

　　A.未曾发货却已登记入账　　　　　　　B.销售业务重复入账

　　C.向虚构的客户发货并登记入账　　　　D.已发货但未曾入账

10.注册会计师对被审计单位已发生的销售业务是否均已登记入账进行审计时，常用的控制测试程序有（　　）。

A.检查发运凭证连续编号的完整性　　B.检查赊销业务是否经适当的授权批准
C.检查销售发票连续编号的完整性　　D.检查已经寄出的对账单的完整性

三、判断题

1.在销售与收款循环审计中，审计人员应当将销售业务的完整性作为重要审计目标。（　　）

2.在销售的截止测试中，审计人员可以考虑采用以账簿记录为起点的审计路线，以防止少记收入。（　　）

3.应收账款的账龄分析有助于了解坏账准备的计提是否充分。（　　）

4.对于大额应收账款余额，审计人员必须采用积极式函证予以证实。（　　）

5.应收账款询证函的编制和寄发均由审计人员亲自进行。（　　）

6.采用委托其他单位代销产品的被审计单位，审计人员应提请其在代销产品销售时确认收入的实现。（　　）

7.批准赊销应与销售职责分离，以防止信用风险。（　　）

8.由出纳定期向客户寄出对账单，促使客户履行合约。（　　）

9.审查坏账准备提取是否正确，仅关系到资产负债表的正确性。（　　）

10.积极式函证方式没有得到回函的，应采用追查程序，一般说来应进行第二次甚至第三次发函，如果仍得不到答复，应考虑采用必要的替代审计程序。（　　）

四、案例题

1.资料：天诚正信会计师事务所接受委托，审计清丰公司2019年度的财务报表。注册会计师冯海霞取得了该公司2019年12月31日的应收账款明细表，并于2020年1月15日采用积极式函证方式对所有重要客户寄发了询证函。冯海霞将与函证结果相关的重要异常情况汇总于表4-3。

表4-3　　　　　　　　　　　　　　异常情况汇总

异常情况	函证编号	客户名称	询证金额（元）	回函日期	回函内容
（1）	22	甲	300 000	2020年1月22日	购买清丰公司300 000元货物属实，但款项已于2019年12月25日用支票支付
（2）	56	乙	500 000	2020年1月19日	因产品质量不符合要求，根据购货合同，于2019年12月28日将货物退回
（3）	64	丙	640 000	2020年1月19日	2019年12月10日收到清丰公司委托本公司代销的货物640 000元，尚未销售
（4）	82	丁	900 000	2020年1月18日	采用分期付款方式购货900 000元，根据购货合同，已于2019年12月25日首付300 000元
（5）	134	戊	600 000	地址错误，被邮局退回	——

要求：针对上述各种异常情况，分析冯海霞应分别实施哪些审计程序。

2.资料：审计人员李祥龙审查清丰公司2019年度主营业务收入总账（见表4-4）。

表4-4 　　　　　　　　　　　　　主营业务收入总账 　　　　　　　　　　　　　金额单位：元

2019年		凭证号	摘要	借方	贷方	余额
月	日					
12	9	30	销售甲商品		42 120	42 120
	28	53	销售B材料		9 000	51 120
	28	55	销售甲商品		434 500	485 620
	29	89	销售乙商品		288 000	773 620
	31	126	结转本年	773 620		0
	31		本月合计	773 620	773 620	0

审计过程如下：

（1）账证核对12月28日第53号记账凭证及所附原始凭证，见表4-5至表4-7。

表4-5 　　　　　　　　　　　　　　　记账凭证

2019年12月28日

第53号

单位：元

摘要	会计科目	明细科目	借方	贷方
销售B材料	银行存款		10 170.00	
	主营业务收入			9 000.00
	应交税费	应交增值税		1 170.00
合计			10 170.00	10 170.00

附单据 2 张

会计主管：吴晓惠　　　　　会计：康红霞　　　　　制证：康红霞

表4-6 　　　　　　　　　　××市增值税专用发票 　　　　　No 14521154

记账联

开票日期：2019年12月28日

购买方	名　　称：中德公司 纳税人识别号：（略） 地址、电话：（略） 开户行及账号：（略）			密码区	（略）		
货物或应税劳务、服务名称	规格型号	单位	数量	单价	金额	税率	税额
B材料			500	18.00	9 000.00	13%	1 170.00
合　计					￥9 000.00		￥1 170.00
价税合计（大写）　壹万零壹佰柒拾元整						（小写）￥10 170.00	
销售方	名　　称：清丰公司 纳税人识别号：（略） 地址、电话：（略） 开户行及账号：（略）			备注			

第三联：记账联　销售方记账凭证

收款人：　　　　复核：　　　　开票人：刘立洪　　　　销售方：清丰公司（章）

表4-7　　　　　　　　　　　　　　　　领料单

领料部门：业务		2019年12月28日		№ 52908
品名	单位	数量	单价（元）	金额（元）
B材料	千克	500	13.80	6 900.00
用途	销售用			

审核：王少明　　　　　　保管：杨静轩　　　　　　领料：赵荷咏

（2）账证核对12月28日第55号记账凭证及所附属原始凭证，见表4-8至表4-12。

表4-8　　　　　　　　　　　　　　　　记账凭证

2019年12月28日　　　　　　　　　　　　　　第55号

金额单位：元

摘要	会计科目	明细科目	借方	贷方
销售甲产品	应收账款 主营业务收入 应交税费	欣达公司 应交增值税	490 985.00	 434 500.00 56 485.00
合计			490 985.00	490 985.00
附单据　3　张				

会计主管：吴晓惠　　　　　　会计：康红霞　　　　　　制证：康红霞

表4-9　　　　　　　　　　　　　　　　记账凭证

2019年12月28日　　　　　　　　　　　　　　第56号

金额单位：元

摘要	会计科目	明细科目	借方	贷方
结转木箱成本	销售费用 周转材料	包装费 包装物（木箱）	1 800.00	 1 800.00
合计			1 800.00	1 800.00
附单据　3　张				

会计主管：吴晓惠　　　　　　会计：康红霞　　　　　　制证：康红霞

表4-10　　　　　　　××市增值税专用发票　　　　　　№ 14526573

记账联　　　　　　开票日期：2019年12月28日

购买方	名　　　　称：欣达公司 纳税人识别号：（略） 地址、电话：（略） 开户行及账号：（略）			密码区		（略）		
货物或应税劳务、服务名称	型号	单位	数量	单价	金额	税率	税额	
甲产品 木　箱		件 个	1 200 100	360.00 25.00	432 000.00 2 500.00	13% 13%	56 160.00 325.00	
合　计					￥434 500.00		￥56 485.00	
价税合计（大写）		肆拾玖万零玖佰捌拾伍元整				（小写）￥490 985.00		
销售方	名　　　　称：清丰公司 纳税人识别号：（略） 地址、电话：（略） 开户行及账号：（略）			备注				

收款人：　　　　　复核：　　　　　开票人：刘立洪　　　　　销售方：清丰公司（章）

表4-11   出库单
领料部门：业务   2019 年 12 月 28 日   № 52909

品名	单位	数量	单价（元）	金额（元）
甲产品	件	1 200	300.00	360 000.00
用途		销售用		

审核：王少明   保管：杨静轩   领料：赵荷咏

表4-12   出库单
领料部门：业务   2019 年 12 月 28 日   № 52910

品名	单位	数量	单价（元）	金额（元）
木箱	个	100	18.00	1 800.00
用途		随货销售用		

审核：王少明   保管：杨静轩   领料：赵荷咏

要求：编制主营业务收入审定表，见表4-13。指出该公司存在的问题，提出审计处理意见，并做出调整分录。

表4-13   主营业务收入审定表   单位：元

被审计单位：清丰公司   索引号：
审计项目：主营业务收入   财务报表截止日/期间：2019 年
编制人：李祥龙   复核人：
编制日期：   复核日期：

项目名称	期末未审数	调整		重分类		期末审定数	上期末审定数	索引号
		借方	贷方	借方	贷方			
一、报表数 二、明细账数	7 736 200 7 736 200					（略）	（略）	
审计结论								

任务3　采购与付款循环的审计

一、单项选择题

1.下列各项中，预防员工在购货中舞弊的最有力的措施是（　　　）。

　　A.定期与供应商对账

　　B.记录应付账款明细账的人员不得兼任出纳

　　C.收到货物必须由专人验收

　　D.将款项直接汇到供应商指定的银行账户

2.对应付账款进行函证时，审计人员最好应（　　　）。

　　A.采用消极函证，并不具体说明应付金额

　　B.采用积极函证，并具体说明应付金额

　　C.采用积极函证，并不具体说明应付金额

　　D.采用消极函证，并具体说明应付金额

3.审计人员实地观察的重点是（　　　）的重要固定资产。

　　A.本期增加　　　　　　　　　　　　B.本期减少

　　C.本期报废　　　　　　　　　　　　D.本期正在使用

4.下列凭证中，不属于采购与付款循环审计范围的是（　　　）。

　　A.购货发票　　　　　　　　　　　　B.支票

　　C.订货单　　　　　　　　　　　　　D.发货单

5.审计人员为审查被审计单位未入账负债而实施的下列审计程序中，最有效的是（　　　）。

　　A.审查资产负债表日后货币资金支出情况

　　B.审查资产负债表日前后几天的发票

　　C.审查应付账款、应付票据的函证回函

　　D.审查购货发票与债权人名单

6.固定资产折旧审计的目标不应包括（　　　）。

　　A.确定固定资产的增加、减少是否符合预算和经过授权批准

　　B.确定折旧政策和方法是否符合国家有关法规的规定

　　C.确定适当的折旧政策和方法是否得到一贯遵守

　　D.确定折旧额的计算是否正确

7.审计人员应进行应付账款函证的情况不包括（　　　）。

　　A.重大错报风险较高

　　B.应付账款明细账户金额较大

　　C.应付账款在全部负债中所占比重较大

　　D.被审计单位处于财务困难阶段

8.审查报废的固定资产时，应注意报废固定资产的净损失按规定应记入"（　　）"科目。

    A.投资收益   B.营业外支出

    C.制造费用   D.管理费用

9.审计人员为了获取实际存在的固定资产均已入账的证据，应当采用的最佳程序是（　　）。

    A.以固定资产明细账为起点，进行实地追查

    B.以实地为起点，追查至固定资产明细账

    C.先从实地追查至明细账，再从明细账追查至实地

    D.先从明细账追查至实地，再从实地追查至明细账

10.下列制度中不属于固定资产内部控制制度的是（　　）。

    A.预算制度   B.维护保养制度

    C.授权批准制度   D.保险制度

二、多项选择题

1.固定资产的审计目标一般包括（　　）。

    A.确定固定资产是否归被审计单位所有

    B.确定固定资产的计价和折旧政策是否恰当

    C.确定固定资产的期末余额是否正确

    D.确定固定资产及其累计折旧增减变动的记录是否完整

2.要查明与证实汽车是否为被审计单位所拥有的固定资产，应该检查的项目有（　　）。

    A.采购发票   B.行驶证   C.银行付款凭证   D.固定资产明细账

3.审计人员证实被审计单位应付账款是否在报表上充分披露时，应当考虑的情况包括（　　）。

    A.应付账款明细账的期末贷方余额是否并入应付账款项目

    B.应付账款明细账的期末借方余额是否并入预付款项项目

    C.上市公司账龄超过3年的大额应付账款未偿还的原因

    D.应付账款的分类是否恰当

4.函证应付账款时，一般选择金额较大的债权人，以及那些金额不大，甚至为零的债权人作为函证的对象，其原因有（　　）。

    A.为了防止大金额的应付账款中可能存在的高估

    B.金额为零的应付账款可能存在低估

    C.大金额的应付账款从金额方面来说是重要的

    D.防止低估应付账款不是应付账款审计的唯一目标

5.采购与付款循环包括的主要业务活动有（　　）。

    A.请购商品   B.发运商品

    C.确认债务   D.验收商品和劳务

6.注册会计师一般不必函证决算日应付账款余额，其原因有（　　）。

A.存在其他可靠的外部凭证以供证实之用

B.和被审计单位法律顾问联系，将揭示供货方因未付款而采取的法律行动

C.函证不能保证查出未入账的应付账款

D.决算日前应付账款余额在审计完成前或许不曾支付

7.下列各项是审计人员对清丰公司进行采购与付款循环审计时，与各公司往来明细账户年末余额及本年度进货总额，审计人员应该选择进行函证的公司有（　　　）。

A.37 800元，58 970元

B.0，38 646 700元

C.86 000元，83 990元

D.3 677 800元，2 637 540元

8.下列各项审计程序中，可以查找出未入账的应付账款的程序有（　　　）。

A.检查资产负债表日后若干天的付款事项，检查银行对账单及有关付款凭证，询问被审计单位内部或外部的知情人员，查找有无未及时入账的应付账款

B.检查在资产负债表日后收到的购货发票，确认其入账时间是否正确

C.检查在资产负债表日后应付账款明细账贷方发生额的相应凭证，确认其入账时间是否正确

D.检查有材料入库凭证但未收到购货发票的经济业务

9.注册会计师在计算固定资产原值与本期产品产量的比例，并与以前期间相关指标进行比较时，可能发现的问题有（　　　）。

A.资本性支出和收益性支出区分的错误

B.闲置的固定资产

C.增加的固定资产尚未做出会计处理

D.减少的固定资产尚未做出会计处理

10.采购与付款循环所涉及的重要凭证和账簿应包括（　　　）。

A.请购单和订购单

B.应付账款明细账

C.银行存款日记账

D.债权方对账单和库存现金日记账

三、判断题

1.对大规模企业而言，企业内部各个部门都可填制请购单。为了加强控制，企业的请购单必须连续编号。（　　　）

2.应付账款通常不需函证，如函证，最好采用消极式函证。（　　　）

3.应付账款函证时，应选择的函证对象是金额较大的债权人，那些在资产负债表日金额为零的债权人不必函证。（　　　）

4.审查固定资产减少的主要目的在于查明对已减少的固定资产是否已做适当的会计处理。（　　　）

5.固定资产采购、付款、保管、记账应由不同人员分别负责，实行必要的职务分离。（　　　）

6.通常由采购部门提出请购，并由其办理采购业务。（　　　）

7.审计人员审查应付账款时，应结合采购业务进行审计。（　　　）

8.对于预收账款的审查，审计人员可将其并入采购业务一并进行。（　　　）

9.对于因更新改造而增加的固定资产，审计人员应审查被审计单位是否对折旧进行了重新计算。 （   ）

10.审计人员实地观察固定资产的重点是价值比较大的重要固定资产。 （   ）

四、案例题

1.资料：审计人员对清丰公司应付账款进行审计，其应付账款明细账资料见表4-14。

表4-14　　　　　　　　　　　　　应付账款明细账　　　　　　　　　　　　单位：万元

供货商	应付账款年末余额	本年度进货总额
大海公司	0	100
大兴公司	3	6
红旗公司	9	11
黄山公司	20	220

要求：

（1）若审计人员决定对其中两家供货商进行函证，应如何选择？为什么？

（2）假设上述四家公司是清丰公司的顾客，表中后两栏分别为应收账款年末余额和本年度销售总额，审计人员应选择哪两家公司进行函证？为什么？

2.资料：审计人员在审计清丰公司固定资产折旧的正确性时，发现该公司2019年4月25日购入桑塔纳轿车一辆，购车发票注明金额23万元，以银行存款转账方式支付，办妥有关手续后，轿车投入使用。该企业有关账簿记录见表4-15至表4-18。

表4-15　　　　　　　　　　　　　银行存款日记账　　　　　　　　　　　　单位：元

2019年		凭证号	摘要	对方科目	结算凭证种类	借方	贷方	余额
月	日							
4	24		承前页					3 546 998.60
	25	120	付桑塔纳车款	固定资产	转支		230 000.00	3 316 998.60
	26	125	付桑塔纳车牌照	管理费用	转支		650 00.00	3 251 998.60
			…					

表4-16　　　　　　　　固定资产——运输设备（桑塔纳轿车）明细账　　　　　　　　单位：元

2019年		凭证号	摘要	借方	贷方	余额
月	日					
4	25	120	购入轿车	230 000.00		230 000.00

表4-17

记账凭证

2019年4月30日

第179号

金额单位：元

摘要	会计科目	明细科目	借方	贷方
计提折旧	管理费用 累计折旧	折旧费	4 792.00	4 792.00
合计			4 792.00	4 792.00
附单据 1 张				

会计主管：刘丰祥　　　　　　会计：黄方兰　　　　　　制证：黄方兰

表4-18

固定资产折旧计算表

2019年4月30日

金额单位：元

固定资产项目	原值	使用年限	年折旧率	月折旧额	全年应提折旧总额
桑塔纳轿车	230 000.00	4	25%	4 792.00	

　　查至2019年年末，上述桑塔纳轿车计提折旧累计43 128元（4 792×9）。审计人员经过审查，发现该项固定资产计提折旧年限应为5年，净残值率应为3%。

　　要求：根据上述资料，分析指出存在的问题，代审计人员重编固定资产折旧计算表（见表4-19），并编制审计调整分录。

表4-19

固定资产折旧计算表

年

金额单位：元

固定资产项目	原值	使用年限	年折旧率	月折旧额	全年应提折旧总额

任务4　生产与存货循环的审计

一、单项选择题

1.存货成本审计的内容不包括（　　　）。

　　A.制造费用　　　　　B.管理费用　　　　　C.直接材料成本　　　D.主营业务成本

2.存货监盘程序所得到的是（　　　）。

　　A.书面证据　　　　　B.口头证据　　　　　C.环境证据　　　　　D.实物证据

3.注册会计师实施存货监盘程序的主要目的是（　　　）。

　　A.查明客户是否漏盘某些重要的存货项目

　　B.鉴定存货的质量

C.了解盘点指示是否得到贯彻执行

D.获得存货是否实际存在的证据

4.有关存货审计的下列表述中，正确的是（   ）。

A.对存货进行监盘是证实存货"完整性"和"权利和义务"认定的重要程序

B.对难以盘点的存货，应根据企业存货收发制度确认存货数量

C.存货计价审计的样本应着重选择余额较小且价格变动不大的存货项目

D.存货截止测试的主要方法之一是抽查存货盘点日前后的购货发票与验收报告（或入库单），确定每张发票均附有验收报告（或入库单）

5.管理层对财务报表的下列认定中，注册会计师通过分析存货周转率最有可能证实的是（   ）。

A.存在或发生   B.权利和义务

C.列报   D.准确性、计价和分摊

6.注册会计师在对存货实施监盘和截止测试时，为了证实被审计单位管理层对存货的存在或发生认定而无须重点审查的情况是（   ）。

A.购货发票和验收报告的日期均在被审计年度之内

B.购货发票的日期在被审计年度，而验收报告的日期在次年

C.购货发票和验收报告的日期均在被审计年度之后

D.验收报告日期在被审计年度，而购货发票的日期在次年

7.下列各项中，和生产与存货循环有关，与其他任何循环无关的是（   ）。

A.采购材料和储存材料   B.购置加工设备和维护加工设备

C.预付保险费和理赔   D.加工产品和储存完工产品

8.对于下列各项及其替代程序而言，不恰当的是（   ）。

A.以检查会计记录替代监盘存货

B.以检查货运文件及出库记录替代函证应收账款

C.以向银行发函替代检查银行对账单

D.以检查决算日以后的会计记录代替函证负债

9.将生产成本计入管理费用，后果是（   ）。

A.企业当期利润减少   B.企业当期利润增加

C.企业存货成本上升   D.没有影响

10.审计人员在对存货进行计价测试时，一般不应考虑的是（   ）。

A.存货计价方法的选择是否合法且一贯执行

B.样本量的选择是否具有代表性

C.存货跌价准备的计提是否正确

D.是否有抵押、担保的存货

二、多项选择题

1.从总体上看，生产与存货循环的内部控制包括（   ）。

A.成本会计制度   B.存货的内部控制

C.费用的内部控制　　　　　　　　　　D.工资的内部控制

2.在实施存货监盘程序时，注册会计师应当（　　）。

A.对被审计单位存货的盘点进行现场监督

B.实际参与被审计单位的存货盘点

C.对被审计单位已经盘点的存货进行抽点

D.对被审计单位所有存货盘点资料详加审核，并归入审计档案

3.注册会计师对清丰公司2019年度财务报表进行审计时，实施存货截止测试程序可能查明（　　）。

A.少记2019年年底的存货和应付账款

B.多记2019年年底的存货和应付账款

C.虚增2019年度的利润

D.虚减2019年度的利润

4.注册会计师在监盘过程中，实地观察被审计单位的存货盘存，所采用的测试程序涉及的两个实质方面包括（　　）。

A.制订盘点计划　　　　　　　　　　B.实地观察

C.复盘抽点　　　　　　　　　　　　D.编制审计工作底稿

5.若注册会计师在被审计单位本期期末盘点存货时不在现场，则应当（　　）。

A.重新监督盘点或实地盘点部分存货

B.对本期交易进行适当测试，以推算出存货在期末合理存在

C.审核本期盘点记录和盘点方法

D.询问、观察并抽查，以确认对盘点结果满意

6.在被审计单位逐项盘点存货时，注册会计师应当做到（　　）。

A.亲临现场　　　　　　　　　　　　B.检查上期交易

C.注重盘点方法　　　　　　　　　　D.测试所审期间交易

7.注册会计师在审计清丰公司2019年度财务报表时，为了确定清丰公司所有应当记录的应付职工薪酬均已记录，拟实施的下列实质性程序，其中恰当的有（　　）。

A.比较本期与上期工资费用总额，要求清丰公司解释其降低的原因，并取得公司管理层关于员工工资标准的决议

B.检查应付职工薪酬的期后付款情况

C.获取或编制应付职工薪酬明细表，复核加计是否正确，并与报表数、总账数和明细账合计数核对是否相符

D.检查应付职工薪酬是否已按照企业会计准则的规定在财务报表中做出恰当的列报

8.有关存货监盘的下列表述中，正确的有（　　）。

A.由于不可抗力导致注册会计师无法到达存货存放地实施存货监盘，可以考虑改变存货监盘日期，并对预定盘点日与改变后的存货监盘日之间发生的交易进行测试

  B.对存货进行监盘是证实存货准确性、计价和分摊的重要程序，除非出现无法实施存货监盘的特殊情况，在绝大多数情况下都必须亲自观察存货盘点过程，实施存货监盘程序

  C.对于存放在公共仓库中的存货，可通过函证方式查验

  D.对于危害性物质，如果被审计单位对其生产、使用和处置存有正式报告，注册会计师可通过追查至有关报告的方式确定此类危害性物质是否存在

9.导致存货审计复杂的主要原因包括（　　　　）。

  A.存货通常是资产负债表中的一个主要项目，而且通常是构成营运资本的最大项目

  B.存货存放于不同的地点，这使得对它的实物控制和盘点都很困难

  C.存货项目的多样性也给审计带来了困难，如化学制品、宝石以及其他的高科技产品

  D.存货本身的陈旧以及存货成本的分配也使得存货的估价出现困难

10.在监盘的审计工作底稿中，显示的审计人员的有关做法恰当的有（　　　　）。

  A.通过抽查发现了一些差异，考虑增加抽查的范围

  B.通过抽查发现了一些差异，建议被审计单位对存货重新盘点

  C.在被审计单位盘点存货前，注册会计师应观察盘点现场

  D.被审计单位在进行存货盘点时存货无法停止流动，因此特别关注存货的移动情况

三、判断题

1.因为不存在满意的替代程序来观察和计量期末存货，所以审计人员必须对被审计单位的存货进行监盘。（　　　　）

2.对直接材料成本进行分析时，如果同一产品前后各年度直接材料成本发生了重大波动，说明被审计单位的生产成本核算一定存在错弊情况。（　　　　）

3.注册会计师进行存货监盘的主要目的是，确认被审计单位对存货的监盘程序和方法是否符合盘点计划和指令的要求。（　　　　）

4.将来料加工的存货列入本企业期末存货范围，可能导致被审计单位本年利润虚增。（　　　　）

5.注册会计师通过对存货实施监盘程序只能对存货结存数量的真实性予以确认，并不能据此验证财务报表上存货余额的真实性。（　　　　）

6.在对主营业务成本进行实质性测试时，应当获取或编制主营业务成本汇总明细表，复核加计正确，并与报表数、总账和明细账合计数核对相符。（　　　　）

7.虽然对存货盘点是被审计单位的责任，但注册会计师对盘点进行的监盘是存货审计必不可少的一项审计程序。（　　　　）

8.对于企业存放于公共仓库或由其他单位代保管的存货，可直接向公共仓库或外部单位进行函证。（　　　　）

9.存货周转率的波动可能意味着被审计单位存在"销售产品总体结构发生变动"等

情况。　　　　　　　　　　　　　　　　　　　　　　　　　　　　　　　　　（　　）

10.对存货进行计价审计时，注册会计师首先应按企业的计价方法对所选择的存货样本进行计价测试，然后结合测试结果审核存货价格的组成内容。　　　　　（　　）

四、案例题

1.资料：清丰公司2018年度的财务报表由天诚正信会计师事务所的注册会计师冯海霞和李祥龙进行审计，并发表了无保留意见审计报告。之后，天诚正信会计师事务所与清丰公司续签了2019年度财务报表的审计业务约定书。在2019年度的财务报表审计的计划阶段，冯海霞和李祥龙已确定了财务报表的重要性水平为400万元，其中存货项目的重要性水平为80万元。2020年3月7日，注册会计师冯海霞和李祥龙在审查清丰公司2019年度的生产成本等项目前，经控制测试认为公司关于成本项目的内部控制制度可以高度信赖。表4-20是冯海霞和李祥龙收集的该公司上期及本期的有关资料。

表4-20　　　　　　　　　　　　清丰公司有关资料　　　　　　　　　金额单位：万元

年份	年末存货余额	主营业务成本	主营业务收入	存货周转率	毛利率
2018	8 111	31 967	40 480	3.94	21%
2019	7 993	31 892	39 977	3.99	20%

要求：假定近两年市场情况平稳，清丰公司的生产经营情况平稳，并且冯海霞和李祥龙通过对成本项目的实质性测试已合理确认主营业务成本的数额，请指出存货项目、主营业务收入项目可能存在的问题，并说明理由。

2.资料：注册会计师冯海霞审计清丰公司"存货"项目，根据清丰公司提供的"存货盘点表"，通过履行抽查审计程序，存货数量及盘亏数额可以确认，清丰公司已将盘亏金额550万元转入"待处理财产损溢"科目（借：待处理财产损溢，贷：库存商品）。根据企业会计准则，从谨慎性原则考虑企业的待处理财产损溢，应查明原因，在期末结账前处理完毕，处理后本科目无余额。清丰公司应在进行年终决算前报经董事会批准处理，以使财务报表的信息具有真实性，正确反映公司的财务状况和期间的经营成果。于是冯海霞根据清丰公司的具体情况，向清丰公司提出要求董事会研究处理的建议。该项盘亏报经董事会批准处理后，应计入本期损益。相应的会计调整分录为：

借：管理费用　　　　　　　　　　　　　　　　　　　　　　　　5 500 000
　　贷：待处理财产损溢　　　　　　　　　　　　　　　　　　　　　　　5 500 000

要求：根据所给资料填写存货明细表"?"处相关内容（见表4-21）。

3.资料：天诚正信会计师事务所在对清丰公司进行年度财务报表审计时，发现该公司在材料成本差异和期末在产品成本确定方面有不妥之处。审计人员取得了原材料和材料成本差异总账的部分资料，见表4-22、表4-23。

表 4-21　　　　　　　　　　　　　　存货明细表　　　　　　　　　　　　单位：元

被审计单位：清丰公司　　　　　　　　　　索引号：页次：

审计项目：存货　　　　　　　　　　　　　财务报表截止日/期间：2019 年 12 月 31 日

编制人：冯海霞　　　　　　　　　　　　　复核人：

编制日期：2020 年 3 月 16 日　　　　　　　复核日期：

项目名称	期初余额	借方发生额	贷方发生额	期末余额	备注
原材料 a	（略）	（略）	（略）	（略）	（略）
原材料 b					
⋮					
材料成本差异					
库存商品 a					
库存商品 b					
⋮					
在产品 a					
周转材料					
⋮					
待处理财产损溢	0	5 500 000	0	？	
审计说明	企业的待处理财产损溢，应查明原因，在期末结账前处理完毕，处理后本科目应无余额。 建议做审计调整：借：？ 　　　　　　　　　贷：？				

表 4-22　　　　　　　　　　　　清丰公司原材料总账

会计科目：原材料　　　　　　　　　　　　　　　　　　　　　单位：元

月	日	凭证号数	摘要	借方	贷方	期末余额
1	1		上年结转			5 832 000
1	31	汇 1#	本月材料收发	6 628 100	8 337 000	4 123 100
⋮	⋮	⋮	⋮	⋮	⋮	⋮
						4 216 470
12	31	汇 12#	本月材料收发	7 386 500	6 942 370	4 660 600
12	31		汇总与期末余额	72 974 300	74 145 700	4 660 600

表 4-23　　　　　　　　　　清丰公司材料成本差异总账

会计科目：材料成本差异　　　　　　　　　　　　　　　　　　　　　　单位：元

月	日	凭证号数	摘要	借方	贷方	期末余额
1	1		上年结转	·		借 291 600
1	31	汇1#	本月材料收发	397 600	461 140	借 228 060
⋮	⋮	⋮	⋮	⋮	⋮	⋮
						借 378 340
12	31	汇12#	本月材料收发	245 380	623 720	0
12	31		汇总与期末余额	2 887 500	3 179 100	0

要求：根据所给资料计算并填写材料成本差异测算表"？"处相关内容（见表 4-24）。

表 4-24　　　　　　　　　　材料成本差异测算表　　　　　　　　　　单位：元

被审计单位：　　　　　　　　　　索引号：页次：
审计项目：存货　　　　　　　　　　财务报表截止日/期间：
编制人：　　　　　　　　　　　　　复核人：
编制日期：　　　　　　　　　　　　复核日期：

原材料	本期购入	本期领用	期末余额	材料成本差异	本期增加	本期转出	期末余额	差异率	应转出额	差额
			5 832 000				291 600			
1	6 628 100	8 337 000	4 123 100	1	397 600	461 140	228 060	?	?	?
⋮				⋮			⋮			
			4 216 470				378 340			
12	7 386 500	6 942 370	4 660 600	12	245 380	623 720	—	?	?	?

审计说明：

（1）从 1—11 月份测算结果看，差异可以接受。

（2）从 12 月份测算结果看，差额很大，建议做审计调整：

借：?

　　贷：?

任务5 货币资金循环的审计

一、单项选择题

1.其他货币资金科目核算内容中不包括的是（　　）。
　　A.信用证保证金存款　　　　　　　　B.备用金
　　C.存出投资款　　　　　　　　　　　D.银行本票存款

2.下列各项职责中，不违背不相容职责分离原则的是（　　）。
　　A.由出纳人员监管会计主管
　　B.由出纳人员监管收入明细账与总账
　　C.由出纳人员监管费用明细账
　　D.由出纳人员监管折旧账簿的登记工作

3.向开户银行函证可以证实若干项目，其中最基本的目标是（　　）。
　　A.银行存款的真实性　　　　　　　　B.是否有漏记负债
　　C.有无借款　　　　　　　　　　　　D.有无抵押借款

4.对库存现金进行盘点，时间最好选择在（　　）。
　　A.上午上班前　　　　　　　　　　　B.上午上班后的10点
　　C.下午上班后的3点　　　　　　　　D.随便几点都行

5.在盘点库存现金时，注册会计师如果发现有白条抵库、现金收付未入账事项应（　　）。
　　A.通知被审计单位及时入账
　　B.在"库存现金监盘表"中注明或做出必要的调整
　　C.将其差异记录于"审计差异调整表"
　　D.要求在资产负债表附注中说明

6.被审计单位的下列做法中，注册会计师认可的是（　　）。
　　A.出纳兼任应收账款账目的登记工作
　　B.出纳负责银行存款日记账的登记
　　C.出纳定期核对银行账户，编制银行存款余额调节表
　　D.为提高支付效率，由出纳一人保管支付款项所需的全部印章

7.对库存现金进行盘点时，时间最好选择在上午上班前或下午下班前，主要是为了便于证实（　　）目标。
　　A.存在　　　　　B.完整性　　　　　C.截止　　　　　D.分类

8.被审计单位银行存款日记账与银行对账单不符，注册会计师应当执行的程序是（　　）。
　　A.向银行询证
　　B.试算银行存款日记账余额

C.审查银行存款余额调节表

D.审查银行存款往来款项有无漏记

9.单位应当定期核对银行账户，每（　　）至少核对一次。

　　A.半个月　　　　　　　B.半年　　　　　　　C.一个月　　　　　　D.随意

10.对于未达账项，注册会计师不应当要求被审计单位调整会计分录的是（　　）。

　　A.银行已收，企业未入账的收入

　　B.银行已付，企业未入账的支出

　　C.企业已付或已收，银行未付或未收事项

　　D.银行漏记事项

二、多项选择题

1.注册会计师寄发的银行询问函（　　）。

　　A.以被审计单位的名义寄往开户银行

　　B.属于积极式函证

　　C.要求银行直接回函至会计师事务所

　　D.包括银行存款和银行贷款

2.企业盘点库存现金，通常包括（　　）。

　　A.已收到但未存入银行的现金　　　　　　B.零用金

　　C.找换金　　　　　　　　　　　　　　　D.借入款项

3.向银行函证银行存款余额，注册会计师主要是为了证实（　　）。

　　A.银行存款是否存在　　　　　　　　　　B.银行借款是否存在

　　C.是否存在企业未入账的负债　　　　　　D.是否存在或有负债

4.下列各项职责中，违背了不相容岗位相互分离控制原则的有（　　）。

　　A.银行出纳与编制银行存款余额调节表

　　B.接受订单与批准赊销

　　C.现金出纳与登记库存现金日记账

　　D.现金出纳与编制记账凭证

5.出纳人员不可以经办的业务有（　　）。

　　A.债务债权账目的登记　　　　　　　　　B.稽核

　　C.会计档案的保管　　　　　　　　　　　D.现金业务的收支

6.货币资金审计的主要内容有（　　）。

　　A.是否为被审计单位所拥有

　　B.检查期末余额中有无较长时间未结清的款项

　　C.确定其他货币资金的披露是否恰当

　　D.获取所有其他货币资金明细账的对账单，与账面记录核对

7.下列审计中，属于库存现金与银行存款账户实质性程序的有（　　）。

　　A.监盘库存现金，编制库存现金盘点表

　　B.抽查大额现金和银行存款收支以确认是否及时入账

C.抽查是否每月编制银行存款余额调节表

D.向开户银行询证银行存款余额

8.注册会计师审计后应当提请被审计单位通过"其他货币资金"科目核算的有（   ）。

A.外埠存款　　　　　　　　　　B.银行本票存款

C.存出投资款　　　　　　　　　　D.备用金

9.函证银行存款是证实银行存款是否存在的重要程序，注册会计师寄发的银行询证函（   ）。

A.要求银行直接回函至会计师事务所

B.是以被审计单位的名义发往开户银行的

C.可以证实银行存款但不能证实银行借款

D.属于积极式函证

三、判断题

1.银行存款余额即使为零，还是有必要向银行函证的。　　　　　　（   ）

2.注册会计师编制的银行存款余额调节表，调整后的余额相符，说明企业的银行存款收付不存在问题。　　　　　　　　　　　　　　　　　　　　　（   ）

3.注册会计师向银行函询企业的银行存款余额，一般采用积极式函询方式，也可以采用消极式函询方式。　　　　　　　　　　　　　　　　　　　　（   ）

4.其他货币资金只包括企业到外地进行临时或零星采购而汇往采购地银行开立采购专户的款项所形成的外埠存款。　　　　　　　　　　　　　　　　　（   ）

5.注册会计师突击审查库存现金，最好的时间安排是上午下班后。　（   ）

6.注册会计师盘点和监盘库存现金的步骤和方法一般是实施突击性的检查。

　　　　　　　　　　　　　　　　　　　　　　　　　　　　　　（   ）

7.其他货币资金的实质性程序不包括函证其他货币资金期末余额，并记录函证过程。　　　　　　　　　　　　　　　　　　　　　　　　　　　　　（   ）

8.注册会计师编制银行存款余额调节表的原因是银行存款总账余额与银行对账金额不符。　　　　　　　　　　　　　　　　　　　　　　　　　　　　（   ）

9.通常，注册会计师可考虑对结账日前后一段时期内现金收支凭证进行审计，以确定是否存在跨期事项，是否应考虑提出调整建议。　　　　　　　　　　（   ）

10.若有冲抵库存现金的借条、未提现支票、未报销的原始凭证，应在"库存现金盘点表"中注明或做出必要的调整。　　　　　　　　　　　　　　　　（   ）

四、案例题

1.资料：注册会计师冯海霞和李祥龙于2020年3月13日对清丰公司2019年度财务报表审计时，发现该公司2019年1月1日的库存现金日记账余额为4 000元，银行对其核定的库存现金限额是6 000元。表4-25为该公司2019年1月库存现金日记账的一部分。

表4-25　　　　　　　　　　　　　　　　库存现金日记账　　　　　　　　　　　　　　单位：元

2019年 月	日	凭证字号	摘要	对方科目	借方	贷方	余额
1	1		上年结转				4 000.00
	1	1	提取现金	（略）	2 000.00		6 000.00
	1	2	出差借款			2 000.00	4 000.00
	2	11	支付运费			50.00	3 950.00
	3	12	支付邮费			21.50	3 928.50
	6	20	购材料			924.30	3 004.20
	16	43	销售产品		720.00		3 724.20
	17	45	支付材料运费			479.00	3 245.20
	18	47	支付修理费			20.00	3 225.20
	21	55	报销差旅费			464.00	2 761.20
	21	58	提取现金		2 135.00		4 896.20
	21	60	支付报刊费			800.00	4 096.20
	22	64	支付印花税			580.00	3 516.20
	22	65	王力借款			1 000.00	2 516.20
	23	68	出售产品		746.00		3 262.20
	23	69	王力还款		2 000.00		5 262.20
	23	71	存现			366.00	4 896.20
	24	87	提现		243 561.32		248 457.52
	25	88	发工资			243 561.32	4 896.20
			过次页		251 162.32	250 266.12	4 896.20

要求：请指出该公司现金收付业务中存在的问题。

2.资料：注册会计师冯海霞、李祥龙审查清丰公司2019年12月31日资产负债表，发现"货币资金"项目中的库存现金数额为3 526.90元。为确定资产负债表中货币资金的正确性，冯海霞、李祥龙于2020年1月9日上午8时对该公司库存现金进行突击盘点，盘点结果表明库存现金实有数为3 497.60元。银行核定该公司库存现金限额为3 500元。进一步审计发现以下情况：

（1）尚未入账的收款收据1张，注明出售产品所得1 500.80元。

（2）尚未入账的出差借款单1张，金额1 200元，已批准。

（3）职工张一东借款400元，白条抵库。

（4）本月1日至9日收入现金3 786.52元，支付现金3 543.20元。

（5）2020年1月8日现金账面余额3 596.80元。

要求：根据盘点结果编制库存现金监盘表，指出该公司现金管理中存在的问题，并提出处理意见。

3.资料：注册会计师冯海霞和李祥龙在2020年3月5日审查清丰公司1月份银行存款日记账的收支业务，该公司银行存款日记账、银行对账单情况见表4-26、表4-27。

表4-26　　　　　　　　　　　　　　银行存款日记账　　　　　　　　　　金额单位：元

2020年		凭证字号	摘要	对方科目	借方	贷方	余额
月	日						
1	1		上年结转				100 000
	3	45	取得借款	（略）	100 000		200 000
	5	46	购买材料			3 510	196 490
	8	47	购买材料			46 800	149 690
	10	48	收到销售款		23 400		173 090
	15	49	支付广告费			2 000	171 090
	18	50	购买办公用品			300	170 790
	20	51	收到销售款		35 100		205 890
	25	52	提取现金			4 950	200 940
	26	53	支付材料款			35 100	165 840
	30	54	支付设备款			50 800	115 040

表 4-27		银行对账单			金额单位：元

中国银行银企对账回执

机构名称：中国银行海淀支行　　　　机构地址：北京市海淀区×××

账户对账单

机构名称：清丰公司　　　　　　　　出账日期：2020-02-01

客户地址：×××　　　　　　　　　客户账号：3849785332×××

邮政编号：×××　　　　　　　　　账页编号：08000002

上页余额：100 000

记账日期	传票日期	摘要	借方发生额	贷方发生额	余额
2020.01.31	（略）	取得贷款		100 000	200 000
2020.01.31		提取现金	2 000		198 000
2020.01.31		支付材料款	3 510		194 490
2020.01.31		支付材料款	46 800		147 690
2020.01.31		支付广告费	2 000		145 690
2020.01.31		代收销售款		35 100	180 790
2020.01.31		存款利息		1 930	182 720
2020.01.31		支付电费	1 000		181 720
2020.01.31		提取现金	4 950		176 770
2020.01.31		支付设备款	50 800		125 970

本页余额：125 970

凡金额后标注"Dr"代表借方金额；凡金额后标注"Cr"代表贷方金额。对账单中如出现错误或遗漏情况，请于收到日的七日内通知我行，否则将视同此对账单无误。请妥善保管对账单，并在您的地址发生变更时，及时书面通知我行。

2020-02-01　　　　　　　　　　　　页号：1

要求：编制银行存款余额调节表，进行审计分析，得出审计结论。

综合训练

（一）

资料：清丰公司向注册会计师咨询如何进行岗位分工比较合适。该公司财务部门有赵天丽、李德明、王光仪三名会计人员，他们所承担的工作主要有：

（1）记录并保管总账；

（2）记录并保管应收账款明细账；

（3）记录并保管应付账款明细账；

（4）记录库存现金日记账和银行存款日记账；

（5）保管、填写支票；

（6）办理进货退出证明；

（7）编制和审核银行存款余额调节表；

（8）编制财务报表。

其中除最后两项工作量较小外，其余工作量大体相当。同时，三名会计人员的工作能力相当，且能承担任何工作。

要求：你作为审计人员，如何应用内部控制的原理对上述工作进行划分，使得三人的工作量相当且能够起到会计工作内部控制的作用，并简要说明划分理由。

（二）

资料：清丰公司 2019 年年末应收账款总账余额为借方 200 万元，其他应收款总账余额为借方 50 万元，该公司采用应收账款余额百分比法计提坏账准备，计提比例为 1%，计提金额为 2.5 万元。坏账准备的账户记录见表 4-28。

表 4-28　　　　　　　　　　坏账准备明细账（简式）　　　　　　　　　　单位：万元

日期	凭证字号	摘要	借方	贷方	余额
1 月 1 日		上年结转			贷方 5
5 月 10 日	转 135	核销坏账	2		贷方 3
9 月 15 日	转 220	核销坏账	4		借方 1
12 月 31 日	转 258	计提坏账准备		2.5	贷方 1.5

要求：根据上述资料，指出坏账准备计提中存在的问题并纠正。

（三）

资料：天诚正信会计师事务所审计人员对星海公司 2019 年度财务报表进行审计。星海公司总资产为 2 500 万元，应收账款在报表上列示为 1 000 万元，控制风险评价为低水平；应付账款列示为 610 万元，控制风险评价为高水平。

要求：请分析审计人员是否需要对应收、应付账款进行函证。为什么？

（四）

资料：冯海霞在审计清丰公司 2019 年度财务报表将近结束时，清丰公司财务主管提出不必抽查 2020 年付款记账凭证来证实 2019 年的会计记录，其理由如下：（1）2019 年度的有些发票因收到太迟，不能记入 12 月份的付款记账凭证，公司已经全部用转账分录入账；（2）年后由公司内部审计人员进行了抽查；（3）公司愿意提供无漏记负债业务的说明书。

要求：

（1）冯海霞在执行抽查未入账债务程序时，可否因客户已利用转账分录将2019年迟收发票入账的事实而改变原定程序？

（2）注册会计师抽查未入账债务的程序可否因内部审计人员的工作而取消或减少？

（3）注册会计师抽查未入账债务是否因客户愿意提供无漏记债务说明书而受影响？

（4）除2020年付款记账凭证外，注册会计师还可以从何种途径审查是否存在未入账的债务？

（五）

资料：清丰公司2019年经济效益较好，为了给今后留有余地，调节当年利润，年终以车间修理为名，假造提供劳务单位，虚列劳务费用20万元作为应付款项处理，做会计分录如下：

借：制造费用——修理费　　　　　　　　　　　　　　　　200 000
　　贷：应付账款—— X 工程公司　　　　　　　　　　　　　　　200 000

这样使2019年12月的产品成本增加了20万元。若12月生产的产品全部完工入库，并已销售了60%，则结转的已销产品成本中，自然也就包括了制造费用中虚列的60%费用。结果虚减了利润12万元，相应地也偷漏了所得税3万元。

要求：调整会计分录。

（六）

资料：审计人员2020年2月5日审计清丰公司2019年度财务报表时发现，该公司行政管理部门2019年6月购入空调10台，每台3 000元，当日即投入使用，其会计处理为：

借：管理费用　　　　　　　　　　　　　　　　　　　　　30 000
　　贷：银行存款　　　　　　　　　　　　　　　　　　　　　30 000

经查，该类空调的年折旧率为24%，购买手续齐备。

要求：

（1）指出上述会计记录存在的问题。

（2）做出审计调整分录。

（3）做出建议被审计单位的会计调整分录。

（七）

资料：天诚正信会计师事务所的注册会计师冯海霞首次接受委托，负责审计清丰公司2019年度财务报表。冯海霞对主营业务收入的发生认定进行审计，编制了审计工作底稿，部分内容摘录见表4-29。

表4-29   审计工作底稿摘录   单位：万元

记账凭证日期	记账凭证编号	记账凭证金额	发票日期	出库单日期
2019年1月5日	转字10	12	2019年1月8日	2019年1月8日
2019年2月20日	转字30	-120	2019年2月20日	不适用
2019年2月28日	转字45	7	2019年2月27日	2019年2月27日
2019年3月20日	转字40	8	2019年3月19日	2019年3月19日
⋮				
2019年11月3日	转字4	10	2019年11月2日	2019年11月2日
2019年11月15日	转字28	200	2019年11月14日	2019年11月14日
2019年12月10日	转字50	250	2019年12月10日	2019年12月10日
⋮				

审计说明：

（1）根据销售合同约定，在客户收到货物、验收合格并签发收货通知后，清丰公司取得收取货款的权利。审计中已检查销售合同。

（2）已检查记账凭证日期、发票日期和出库日期，未发现异常。发票和出库单中的其他信息与记账凭证一致。

（3）11月转字28号和12月转字50号记账凭证反映的销售额较高，财务经理解释系调整售价所致。

（4）2月转字30号记账凭证反映，清丰公司在2019年度销售并确认收入的一笔交易，于2020年2月发生销售退回。清丰公司未按规定调整2019年度财务报表，前任注册会计师于2020年3月对清丰公司2019年度财务报表出具了无保留意见审计报告。

要求：针对材料中的审计说明第（1）至（3）项，逐项指出冯海霞实施的审计程序中存在的不当之处，并简要说明理由。

（八）

资料：清丰公司仓库部门2019年9月5日填制了一张未连续编号的请购单，报公司负责采购的副总经理批准后交采购部，采购部据此填制连续编号的订货单，并与一家老供货商谈判确定品质、价格、到货时间和地点后，签订了采购合同。货物到达后，仓库部门根据订货单的内容验收了货物，并填制一式多联的未连续编号的验收单，一联交采购部编制付款凭单，付款凭单经采购部经理批准后，交会计部；会计部根据验收单和付款凭单登记有关账簿，结算采购货款。

要求：分析清丰公司在上述采购业务处理中，存在哪些不符合内部控制要求的地方。

（九）

资料：注册会计师冯海霞负责对常年审计客户清丰公司 2019 年度财务报表进行审计。清丰公司从事商品零售业，存货占其资产总额的 70%。除了自营业务外，清丰公司还将部分柜台出租，并为承租商提供商品仓储服务。根据以往的经验和期中测试的结果，冯海霞认为清丰公司有关存货的内部控制有效。冯海霞计划于 2020 年 1 月 15 日实施存货监盘程序。

冯海霞编制的存货监盘计划部分内容摘录如下：

（1）存货的监盘目标是获取有关清丰公司资产负债表日存货数量的审计证据；

（2）对于存货监盘过程中收到的存货，要求清丰公司管理层单独存放，不纳入监盘范围；

（3）根据存货类别确定监盘人员分工，每位项目组成员负责一类或数类存货的监盘；

（4）到达盘点现场后，观察代柜台承租商保管的存货是否已经单独存放，并要求清丰公司管理层将其纳入盘点范围；

（5）对以标准规格包装箱包装的存货，监盘人员根据包装箱的数量及每箱的标准容量直接计算确定存货的数量；

（6）存货监盘结束时，将作废的盘点表单以外的所有盘点表单的号码记录于监盘工作底稿。

要求：针对上述事项，逐项指出是否存在不当之处，如果存在，简要说明理由。

（十）

资料：2020 年 1 月 11 日下午 5 点 30 分，注册会计师冯海霞参加对清丰公司库存现金的清查盘点工作。清丰公司的出纳员赵德宏、会计主管人员葛家秋共同参与监盘，清查结果如下：

（1）实点库存现金（人民币）结存数：100 元币 1 120 张，50 元币 80 张，10 元币 220 张，5 元币 84 张，2 元币 175 张，1 元币 220 张，5 角币 50 张，2 角币 20 张，1 角币 51 张，5 分币 32 张，2 分币 14 张，1 分币 8 张。共计：119 226.06 元。

（2）查明库存现金日记账截至 2020 年 1 月 11 日监盘前的账面余额为 121 679.24 元。

（3）查出已经于 2020 年 1 月 10 日办理收款手续，但尚未入账的第 211 号收款凭证，事项为退回的会议支出结余款项，金额为 4 372.31 元。

（4）查出已经于 2020 年 1 月 10 日办理付款手续，但尚未入账的第 203 号付款凭证，事项为经销商支付购买打印机及耗材款项，金额为 4 126.14 元。

（5）发现库存现金日记账中夹有下列借据，共计 2 560 元：林华海借药费 1 250 元，张广华借药费 1 310 元。以上借据均经领导批准。

（6）发现保险柜中有 1 月 1 日收到销售产品的转账支票一张，计价 7 500 元。

（7）发现保险柜中有待领工资215元，单独包封。

（8）发现邮票若干，共计139.35元。

（9）银行核定库存现金限额100 000元。

要求：

（1）根据清查结果，编制库存现金监盘表，见表4-30。

表4-30　　　　　　　　　　　库存现金监盘表

检查盘点记录		实有库存现金盘点记录		
项目	人民币	面额	人民币	人民币
			张/枚	金额
上一日账面库存余额				
盘点日未记账传票收入金额		100元		
盘点日未记账传票支出金额		50元		
盘点日账面应有金额		20元		
盘点实有库存现金数额		10元		
盘点日应有与实有差异		5元		
差异原因分析	白条抵库（　张）	2元		
	短缺现金	1元		
		5角		
		2角		
		1角		
		5分		
		2分		
		1分		
		合计		

出纳员：　　　　　　　　会计主管人员：　　　　　　　　监盘人：

（2）指出清丰公司现金管理中存在的6条主要问题，并提出改进建议，见表4-31。

表4-31　　　　　　　　　　　问题及建议

序号	清丰公司在现金管理中存在的主要问题	注册会计师的建议
1		
2		
3		
4		
5		
6		

（十一）

资料：2020年1月10日上午8时，天诚正信会计师事务所派出的审计人员对清丰公司的库存现金进行突击盘点。经过盘点，实际的情况如下：

（1）现钞有100元币10张，50元币13张，10元币16张，5元币19张，2元币22张，1元币25张，5角币30张，2角币20张，1角币40张，硬币5角8分，总计1 997.58元。

（2）已收款尚未入账的收款凭证3张，计130元。

（3）已收款尚未入账的付款凭证5张，计520元，其中有马关明借条一张，日期为2019年7月15日，金额200元，未经批准，也未说明用途。

（4）盘点的库存现金账面余额为1 890.20元，2020年1月1日至2020年1月10日收入现金4 560.16元，支出现金4 120元。2019年12月31日库存现金账面余额为1 060.04元。

要求：

（1）请说明上述资料是如何获得的？

（2）根据资料编制库存现金盘点表，计算盈亏，并推算2019年12月31日库存现金实存额。

（3）指明企业存在的问题，提出处理意见。

案例分析

（一）

资料：2004年12月，中国航油集团唯一的一家海外公司——中国航油（新加坡）股份有限公司（以下简称"中航油"）发布了一个惊人的消息：这家新加坡上市公司因石油衍生产品交易，产生了5.5亿美元的巨额亏损，致使曾作为明星企业的中航油向新加坡法院申请破产保护。该公司自1997年以来，凭借其对国内进口航油市场的实质性垄断，净资产由16.8万美元增至2003年的1.48亿美元，6年增长了762倍，成为股市上的明星，时任总裁陈久霖也被评为"亚洲经济新领袖"。"中航油"事件被认为是继1995年巴林事件后最大的经济丑闻。

中国航油集团曾向"中航油"董事会派驻了4名成员，包括陈久霖本人，而他也是以集团副总经理的身份兼任"中航油"董事和执行总裁的。但事实上，集团公司出于对陈久霖的信任，使他在实质上成为集团公司派驻"中航油"的全权代表和实际监管者。同时，在其任职期间，曾两度调开集团公司派驻的财务经理，从当地另聘财务经理，只听命于他一个人。

陈久霖在获悉公司在2004年第一季度出现580万美元的账面亏损后，决定不按照内部风险控制的规则进行斩仓止损，也不对市场做任何信息的披露，而是继续扩大仓位。为了避免实际亏损，他将交割日延后至2005年和2006年，并不断加大仓位，对风险没有做必要的对冲处理，也没有对交易设立上限，孤注一掷，赌油价回落。到2004年10月，公司亏损累计达到1.8亿美元，公司流动资金耗尽。此时，陈久霖才不得不向集团公司汇报亏损并请求救助。而当时的中国航油集团竟没有阻止"中航油"的违规行为，也不对风险进行评估，而是以私募方式卖出部分"中航油"股份来"挽救""中航油"。

"中航油"曾聘请安永会计师事务所为其编制《风险管理手册》，设有专门的7人风险管理委员会及软件监控系统。其中，风险控制的基本制度是：实施交易员、风险控制委员会、审计部、总裁、董事会层层上报，交叉控制，每名交易员损失20万美元时要向风险控制委员会报告，以征求他们的意见，当损失达到35万美元时要向总裁报告，征求他的意见，在得到总裁的同意后才能继续交易；任何导致50万美元以上的交易将自动平仓。而"中航油"总共有10位交易员，如果严格地按照《风险管理手册》执行，损失的最大限额应是500万美元（10×50=500）。但是，"中航油"最终亏损额高达5.5亿美元。

我国于2001年就已颁布实施了《国有企业境外期货套期保值业务管理办法》，其中规定任何企业不得从事以营利为目的的投机交易，不能在风险极大的海外市场进行交易，交易总量不得大大超过现货交易总量。"中航油"从2003年下半年起在海外市场进行石油衍生品的交易，并且交易总量大大超过了现货交易总量，在这三个方面明显地违背了国家的规定，而母公司在子公司进行了此项违规活动一年多（即2004年10月）以后才得知实情。

要求：假如你是注册会计师，接受委托审核了"中航油"董事会对2004年12月31日与财务报表相关的公司内部控制有效性的认定，并于2005年3月29日完成审核工作。请根据以上资料对"中航油"的内部控制进行分析评价。

（二）

资料：华兴公司主要从事小型电子消费品的生产和销售，产品销售以该公司的仓库为交货地点。该公司日常交易采用自动化信息系统和手工控制相结合的方式进行。系统自2018年至今没有发生变化。该公司的产品主要销往国内各主要城市的电子消费品经销商。注册会计师王某和李某负责审计该公司的2019年度的财务报表。

两位注册会计师在审计工作底稿中记录了所获取的该公司的财务数据，部分内容摘录见表4-32。

（1）两位注册会计师在审计工作底稿中记录了所了解的该公司及其环境的情况，部分事项摘录如下：

①在2018年实现销售收入增长10%的基础上，该公司董事会确定的2019年销售收入的增长目标为20%。该公司管理层实行年薪制，总体薪酬水平根据上述目标的完成情况上下浮动。该公司所处行业2019年的平均销售增长率为12%。

②该公司财务总监已为华兴公司工作超过6年，于2019年9月劳动合同期满后被该公司的竞争对手高薪聘走。由于工作压力大，该公司会计部门人员流动频繁，除会计主管服务期超过4年外，其余人员的平均服务期少于2年。

表4-32　　　　　　　　　　　　审计工作底稿摘录　　　　　　　　　　　单位：万元

项目 年份	2019		2018	
	C产品	D产品	C产品	D产品
库存商品（或产成品）	2 000	1 800	2 500	0
存货跌价准备	0	0	0	0
主营业务收入	18 500	8 000	20 000	0
主营业务成本	17 000	5 600	16 800	0
销售（营业）费用——运输费	1 200		1 150	
利息支出	300		25	
减：利息资本化	250		25	
净利息支出	50		0	

③该公司的产品面临快速更新换代的压力，市场竞争激烈。为巩固市场占有率，该公司于2019年4月将主要产品（C产品）的售价下调了8%～10%。另外，该公司在2019年8月推出了D产品（C产品的改良型号），市场表现良好，计划在2020年全面扩大产量，并在2020年1月停止了C产品的生产。为了加快资金流转，该公司于2020年1月针对C产品开始实施新一轮的降价促销，平均降价幅度达到10%。

④该公司销售的产品均由经客户认可的外部运输公司运输，运费由该公司承担，但运输途中的风险仍由客户自行承担。由于受能源价格上涨的影响，2019年的运输单价比上年平均上升了15%，但运输商同意将运费结算周期从原来的30天延长至60天。

⑤2019年度该公司主要原料的价格与上年基本持平，供应商也没有大的变化。但由于技术要求发生变化，D产品所耗高档金属材料比例比C产品略有上升，使得D产品的原材料成本比C产品上升了3%。

⑥除了于2018年12月借入的两年期、年利率为6%的银行借款5 000万元以外，该公司没有其他借款。上述长期借款专门用于扩建现有的一条生产线，以满足D产品的生产需要。该生产线总投资6 500万元，于2018年12月开工，已于2019年7月完工并投入了使用。

（2）两位注册会计师在审计工作底稿中记录了所了解的有关该公司销售与收款循环的内部控制，部分控制事项如下：

①仓库人员在控制系统中根据经销售部门批准的客户订单生成连续编号的发货单，并在将产品交运输商发运后，将发货单设置为"已执行"状态并提交结算部门。结算部门根据系统中的"已执行"发货单记录、订单及相关客户的基础资料，在系统中生成并打印销售发票，系统在月末根据发货单和发票信息自动汇总主营业务收入，并据此过入主营业务收入和应收账款账簿。

②每月末，系统自动匹配发货单、订单、发票和入账的主营业务收入，并可以生成一个专门报告反映未匹配项目的清单。系统授权可以生成和阅读该报告的人员是该公司

的销售部经理和总经理。

要求：

（1）针对两位注册会计师所了解的华兴公司及其环境的情况，假定不考虑其他条件，请逐项指出所列事项是否可能表明存在重大错报风险。如果认为存在，请简要说明理由，并分别说明该风险是属于财务报表层次的风险还是认定层次的风险。如果认为是属于认定层次的风险，请指出相关事项与何种交易或账户余额的何种认定相关。

（2）针对注册会计师所了解的有关销售与收款循环的内部控制，请逐项指出上述内部控制与何种交易或账户余额的何种认定相关。假定不考虑其他条件，请逐项判断上述内部控制在设计上是否存在缺陷。如果存在缺陷，请分别予以指出，并简要说明理由，提出改进建议。

（3）假定不考虑其他条件，请判断该公司的销售与收款循环的内部控制对防止或发现认定层次重大错报风险是否有效。如果有效，请指出控制与识别的认定层次重大错报风险的对应关系，并简要说明理由。

（4）结合本案例讨论注册会计师应当如何了解和评价被审计单位及其环境。

（5）结合本案例讨论针对识别出来的认定层次的重大错报风险，注册会计师应当如何应对。

项目五

终结审计

任务1　完成审计工作

一、单项选择题

1.下列关于审计差异调整表的说法中，不正确的是（　　）。

　　A.账项调整分录汇总表用来汇总因对经济业务进行了不正确的会计核算而引起的错误

　　B.重分类调整分录汇总表用来汇总会计核算正确但未能在财务报表中正确列报的错报

　　C.未更正错报汇总表用来汇总被审计单位因各种原因拒绝调整的核算错误和重分类错误

　　D.未更正错报汇总表用来汇总那些因注册会计师认为不重要而无须建议调整的错误

2.注册会计师在对或有事项进行审计时，下列审计程序中最无效的是（　　）。

　　A.审核银行存款询证函的回函　　　　　B.审核应收票据询证函的回函

　　C.审核律师声明书　　　　　　　　　　D.审核长期股权投资询证函的回函

3.清丰公司于2019年根据中级人民法院判决结果，对其担保责任计提了3 000万元预计负债。2019年5月，经高级人民法院终审裁定清丰公司应承担赔偿责任总额为1 000万元，清丰公司据此确认为营业外收入2 000万元。对此，注册会计师的审计结论应当是（　　）。

　　　　A.无须建议清丰公司进行调整

　　　　B.建议清丰公司借记营业外收入2 000万元

　　　　C.建议清丰公司进行适当调整

　　　　D.建议清丰公司借记预计负债2 000万元

4.下列各项说法中，正确的是（　　）。

　　　　A.期后事项需要在审计临近结束时专门进行审计

　　　　B.或有事项需要在审计临近结束时专门进行审计

　　　　C.期后事项必然引起对相关财务报表项目金额的调整

　　　　D.或有事项不会对财务报表相关项目产生影响，最多需要披露

5.在询问关联方关系时，注册会计师询问的对象不包括（　　）。

　　A.内部审计人员　　　　　　　　　　　B.董事会成员

　　C.证券监管机构　　　　　　　　　　　D.内部法律顾问

二、多项选择题

1.在确定有关期初余额审计证据的充分性和适当性时，注册会计师应当考虑的事项有（　　）。

A.被审计单位运用的会计政策

B.上期财务报表是否经过审计，如果经过审计，审计报告是否为非无保留意见的审计报告

C.账户的性质和本期财务报表中的重大错报风险

D.期初余额对于本期财务报表的重要程度

2.注册会计师专门为发现审计年度必须弄清的期后事项而向被审计单位管理层询问的内容包括（　　）。

A.是否发生新的担保或承销

B.被审计单位资产负债表日后编制的内部报表

C.是否发生了非常项目

D.会计政策是否已发生或预计发生重大变更

3.发生在（　　）的期后事项，注册会计师应承担相应的责任。

A.被审计年度内　　　　　　　　　　B.财务报表日至审计报告日

C.审计报告日至财务报表公告日　　　D.财务报表公布日后

4.以下事项中，需要提请被审计单位调整财务报表的有（　　）。

A.财务报表日前被审计单位遭起诉，法院于财务报表日后、审计报告日前做出判决，被审计单位败诉

B.被审计单位财务报表日后、审计报告日前发生一起重大火灾

C.被审计单位于财务报表日后的月初有大批产成品经验收不合格

D.被审计单位于财务报表日后被兼并

5.为确定期初余额的审计程序，注册会计师应考虑（　　）。

A.上一年被审计单位所采用的存货计价方法、折旧计算方法等会计政策

B.上一年财务报表是否为本事务所审计

C.财务报表项目性质及在本期财务报表中错报、漏报的风险

D.期初余额对各期财务报表的影响程度

三、判断题

1.注册会计师应当考虑期初余额是否反映上期运用恰当会计政策的结果，以及这些会计政策是否在本期财务报表中得到一贯运用。　　　　　　　　　　　　　　（　　）

2.上期财务报表已经其他会计师事务所审计，无论被审计单位同意与否，注册会计师都有责任与前任注册会计师联系，以获取必要的审计证据。　　　　　　　　（　　）

3.注册会计师对期初余额进行审计，主要是为了证实期初余额不存在对本期财务报表有重大影响的错报或漏报。　　　　　　　　　　　　　　　　　　　　（　　）

4.审计报告日后，被审计单位管理层有责任及时向注册会计师告知可能影响财务报表的期后事项。　　　　　　　　　　　　　　　　　　　　　　　　　　　（　　）

5.如果期初余额存在严重影响本期财务报表的错报或漏报，注册会计师应当对本期财务报表发表保留意见或否定意见。　　　　　　　　　　　　　　　　　　（　　）

6.期后事项的审核应在整个审计工作即将结束前完成。　　　　　　　　　（　　）

7.注册会计师对期后事项负有主动查找并审计的责任。（　　）

8.凡在外勤审计结束日前发生的期后事项，注册会计师应提请被审计单位调整财务报表；凡在外勤审计结束日后发生的期后事项，则应提请被审计单位在财务报表附注中披露。（　　）

9.凡主要情况出现在被审计单位资产负债表日之后的重要期后事项，注册会计师应提请被审计单位调整财务报表。（　　）

10.在外勤工作结束日之后，注册会计师仍有责任执行审计程序，以发现任何重要的期后事项。（　　）

四、案例题

资料：注册会计师冯海霞和李祥龙审计清丰公司2019年度财务报表，财务报表账面利润为100万元，审计报告完成日为2020年3月15日，财务报表公布日为3月20日。

（1）2018年11月20日，建设银行批准清丰公司信用贷款2 000万元，期限为一年，年利率为7.2%，2019年11月20日借款到期，清丰公司有偿债能力，但因与建设银行之间存在其他经济纠纷，未能按时归还建设银行贷款，建设银行遂与清丰公司协商，没有达成协议。2019年12月25日中国建设银行向法院提出起诉。截至2019年12月31日，法院尚未判决。清丰公司征求律师意见把最有可能支付的罚息和诉讼费共22万元（其中诉讼费为3万元）确认为预计负债。

（2）2019年11月20日，清丰公司被大海公司起诉违约，12月20日法院宣判清丰公司败诉，赔偿200万元，清丰公司正在上诉，并在2019年度财务报表中确认预计负债200万元。2020年2月3日法院终审判决，要求清丰公司赔偿大海公司120万元。

（3）2018年11月20日，清丰公司被红旗公司起诉违约，截至2019年4月清丰公司公布2018年度财务报表时，诉讼正在进行。2018年度财务报表附注中披露了此诉讼事项。2019年6月20日法院宣判清丰公司败诉，赔偿200万元，清丰公司不再上诉，并于2019年7月支付该款项。

（4）2018年10月20日，清丰公司被正航公司起诉违约，11月20日法院宣判清丰公司败诉，赔偿200万元，清丰公司继续上诉，并在2018年度财务报表附注中披露该诉讼事项。2019年4月，清丰公司对外发布了2018年度的财务报表，2020年5月3日法院终审判决，要求清丰公司赔偿正航公司200万元。

（5）2019年10月20日，清丰公司被凯拓公司起诉违约，要求赔偿200万元，截至2019年12月31日，法院尚未判定，律师估计清丰公司败诉赔偿的可能性仅为50%，因此，清丰公司在2019年度财务报表中对此予以充分披露。2020年3月16日法院终审判决，要求清丰公司赔偿凯拓公司200万元。

要求：如果注册会计师在审计清丰公司中遇到以上事项，应当如何处理？

任务2 编制审计报告

一、单项选择题

1.如果认为被审计单位在编制财务报表时运用持续经营假设是适当的，但可能导致对持续经营能力产生重大疑虑的事项或情况存在重大不确定性，而被审计单位已经做出充分披露，注册会计师应当出具的审计报告的类型是（　　）。

    A.保留意见

    B.无保留意见

    C.带强调事项段的无保留意见

    D.无法表示意见

2.注册会计师于2020年3月8日完成了对清丰公司2019年度财务报表外勤审计工作，于2020年3月21日写出审计报告，则审计报告签署的日期为（　　）。

    A.2020年3月21日

    B.2019年12月31日

    C.2020年3月8日

    D.2020年3月30日

3.当多数重要事项无法取得审计证据时，注册会计师应当出具的审计报告的类型是（　　）。

    A.无保留意见的审计报告

    B.保留意见的审计报告

    C.否定意见的审计报告

    D.无法表示意见的审计报告

4.当审计范围受到局部限制时，注册会计师应当出具的审计报告的类型是（　　）。

    A.无保留意见的审计报告

    B.保留意见的审计报告

    C.否定意见的审计报告

    D.无法表示意见的审计报告

5.清丰公司原采用直线法计提固定资产折旧，但自2020年1月1日起，对新购入的、技术更新快的固定资产采用加速折旧法。如果该公司在2020年度的财务报表附注中披露了采用加速折旧的理由及影响，则注册会计师应当发表的审计报告的类型是（　　）的审计报告。

    A.无保留意见　　　B.保留意见　　　C.否定意见　　　D.拒绝表示意见

6.下列各项中，既可能导致注册会计师出具保留意见的审计报告，又可能导致出具否定意见的审计报告，但一般不导致出具无法表示意见的审计报告的事项是（　　）。

    A.审计范围受到客观条件的限制

    B.被审计单位的律师拒绝对注册会计师的询问做必要的答复

    C.管理层拒绝提供注册会计师认为必要的声明

    D.被审计单位对重大事项的处理不符合国家颁布的企业会计准则的规定，并拒绝调整

7.注册会计师认定被审计单位连续出现巨额营业亏损时，下列说法不正确的是（　　）。

    A.若被审计单位拒绝披露，应出具保留意见或否定意见的审计报告

    B.应提请被审计单位在财务报表附注中予以充分披露

C.若被审计单位充分披露，则应在意见段后增加强调事项段予以说明

D.无论被审计单位是否做了披露，都不在审计报告中提及

8.如果管理层拒绝提供注册会计师认为必要的声明，注册会计师应当将其视为审计范围受到限制，应当出具的审计报告的类型是（　　　）的审计报告。

A.无保留意见加强调事项段　　　　　　B.保留意见或无法表示意见

C.非无保留意见　　　　　　　　　　　D.保留意见或否定意见

9.当出具非无保留意见的审计报告时，注册会计师应当增加说明段，清楚地说明导致所发表意见或无法发表意见的所有原因，并在可能的情况下，指出其对（　　　）的影响程度。

A.审计报告　　　　B.财务报表　　　　C.审计意见　　　　D.财务信息

10.下列选项中，不属于审计报告的要素的是（　　　）。

A.审计报告后附的财务报表和附注

B.形成审计意见的基础

C.管理层对财务报表的责任

D.注册会计师对财务报表的责任

二、多项选择题

1.注册会计师出具无保留意见的审计报告，应同时符合的条件有（　　　）。

A.注册会计师已经按照中国注册会计师审计准则的规定计划和实施审计工作，在审计过程中未受到限制

B.财务报表已经按照适用的会计准则和相关会计制度的规定编制，在所有方面公允反映了被审计单位期末的财务状况、经营成果和现金流量

C.注册会计师已经按照中国注册会计师审计准则的要求计划和实施审计工作，在审计过程中未受到限制

D.财务报表已经按照适用的会计准则和相关会计制度的规定编制，在所有重大方面公允反映了被审计单位的财务状况、经营成果和现金流量

2.下列各项中，导致注册会计师可能对清丰公司的财务报表出具无法表示意见的审计报告的有（　　　）。

A.在存在疑虑的情况下，注册会计师不能就清丰公司持续经营假设的合理性获取必要的审计证据

B.未能就影响清丰公司财务报表公允反映的重大关联方交易事项获取充分、适当的审计证据

C.清丰公司财务报表整体上没有按照企业会计准则进行编制

D.清丰公司管理层拒绝向注册会计师出具管理层声明书

3.下列各项中，无保留意见的审计报告应该包括的基本内容有（　　　）。

A.财务报表批准报出日　　　　　　　　B.注册会计师的责任段

C.注册会计师的签名和盖章　　　　　　D.强调事项段

4.非无保留意见审计报告包括（　　　）。

A.否定意见的审计报告　　　　　　B.带强调事项段的无保留意见审计报告

C.无法表示意见的审计报告　　　　D.带强调事项段的保留意见审计报告

5.下列各项中，导致注册会计师发表保留意见或无法表示意见的审计报告的有（　　）。

　A.因审计范围受到被审计单位限制，注册会计师无法就可能存在的对财务报表产生重大影响的错误与舞弊，获取充分、适当的审计证据

　B.因审计范围受到被审计单位限制，注册会计师无法就对财务报表可能产生重大影响的违反或可能违反法规的行为，获取充分、适当的审计证据

　C.注册会计师无法确定已发现的错误与舞弊对财务报表的影响程度

　D.被审计单位管理层拒绝就对财务报表具有重大影响的事项提供必要的书面声明，或拒绝就重要的口头声明予以书面确认

三、判断题

1.当审计范围受到局部严重限制时审计人员应发表保留意见的审计报告。　（　　）

2.注册会计师签署审计报告的日期通常与管理层签署已审计财务报表的日期为同一天，也可以晚于管理层签署已审计财务报表的日期。　（　　）

3.无保留意见的审计报告意味着注册会计师通过实施审计工作认为被审计单位财务报表的编制不存在错报。　（　　）

4.管理建议书是审计人员针对被审单位内控中所有的薄弱环节提出的建议。　（　　）

5.在实务中，注册会计师在正式签署审计报告前，通常把审计报告草稿和已审计财务报表草稿一同提交给管理层。如果管理层批准并签署已审计财务报表，注册会计师即可签署审计报告。　（　　）

四、案例题

1.资料：天诚正信会计师事务所接受委托于2020年对清丰公司2019年度的财务报表进行审计，注册会计师冯海霞和李祥龙于2020年2月15日结束外勤审计工作，整理审计工作底稿时发现以下问题：

（1）该公司一些应收账款账户余额的函证（积极式）没收到复函，但已运用替代审计程序进行了验证。

（2）该公司2019年度存货发出的计价方法由先进先出法变更为加权平均法，使其会计核算更能符合实际，并在报表附注中做了说明。

（3）该公司管理费用错报额为5 000元，注册会计师评估的重要性水平为10 000元。

（4）资产负债表中应付账款漏记40 000元，注册会计师建议该公司补记，该公司根据要求进行了调整。

要求：请指出该注册会计师应出具哪种意见类型的审计报告。为什么？

2.资料：天诚正信会计师事务所于2019年12月30日接受了清丰公司的审计委托，该公司注册资本为2 000万元，审计前财务报表的资产总额为5 000万元。会计师事务所委派该所注册会计师冯海霞和李祥龙共同承担清丰公司的审计业务。他们在计划审计阶段确定的重要性水平为90万元，而在完成阶段确定的重要性水平为100万元。冯海霞和

李祥龙于 2020 年 2 月 15 日完成了对清丰公司 2019 年 12 月 31 日资产负债表及该年度的利润表、股东权益变动表、现金流量表的外勤审计工作，在复核工作底稿时，发现以下需要考虑的事项：

（1）2020 年 1 月 20 日，原来财务状况较好的大海公司突然宣布破产倒闭，致使清丰公司在 2019 年 10 月由于销售业务形成的对大海公司的 150 万元应收账款无法收回。注册会计师冯海霞建议清丰公司增加计提坏账准备，但清丰公司拒绝调整。

（2）清丰公司称其在国外一家联营企业内有 70 万元的长期投资，投资收益为 40 万元，这些金额已列入 2019 年的净收益中，但冯海霞和李祥龙未能取得上面所述的联营企业经审计的财务报表。受公司记录性质的限制，也未能采取其他程序查明此项长期投资和投资收益的金额是否属实。

（3）清丰公司全部存货占资产总额的 40% 以上，由于仓库遭遇火灾，尚未清理完毕，无法实施监盘程序，无法估计损失。

（4）由于发生火灾，产品正常的销售业务受到严重影响，现金流入量不足，可能影响即将到期的 100 万元债务。

（5）2020 年 2 月后，股市大幅下跌，清丰公司如果将原本准备短期持有的红旗公司的股票出售，将导致 130 万元的投资损失。清丰公司拒绝在 2019 年度的财务报表中进行调整。

（6）冯海霞和李祥龙从公司管理层了解到，该公司在 2020 年 5 月将进行大规模的机构调整。

（7）由于高层管理人员所获得的奖金是完成的公司利润目标的 5%，为拿到较多的奖金，管理层指使财会部门在 2019 年虚构了多笔产品的销售业务，涉及销售额 830 万元，并且少记费用 210 万元。

要求：逐一分析上述 7 种情况，分别对每种情况指出应出具的审计报告类型，并简要说明理由。将答案填入表 5-1 中。

表 5-1   审计报告类型和简明原因

序号	审计报告类型	简明原因
（1）		
（2）		
（3）		
（4）		
（5）		
（6）		
（7）		

综合训练

（一）

资料：天诚正信会计师事务所于2019年12月15日接受清丰公司的委托，对其年度财务报表进行审计。公司总经理介绍说，公司已于11月30日对存货进行了全面盘点，但因历年从事清丰公司年度审计的丰和瑞华会计师事务所的注册会计师王仁泰在本年去世，因而11月30日的存货盘点未经注册会计师现场观察，王仁泰的去世也是公司变更委托天诚正信会计师事务所的主要原因。公司总经理不同意再度停工盘点存货，理由是产品的交货期临近，但11月30日盘点时的所有资料均可提供复核。天诚正信会计师事务所的注册会计师深入研究了存货内部控制制度，认为其是比较健全有效的；详细检查了清丰公司的盘点资料，并于12月31日抽点了约占存货总价值10%的项目，抽点的项目经追查永续盘存记录，未发现重大差异。12月31日清丰公司的总资产为900万元，其中存货达400万元。

要求：假定财务报表中其他项目的审计结果均为满意，请问注册会计师能否签发无保留意见的审计报告。试说明理由。

（二）

资料：天诚正信会计师事务所注册会计师冯海霞和李祥龙于2020年1月15日接受委托审查了清丰公司2019年度的财务报表，并于2020年3月20日完成审计工作。注册会计师发现，2019年该公司的固定资产折旧方法做了变动，将原来采用的平均年限法改为年数总和法。年末，报表已经按变更后的方法编制完成，会计方法的变动及对财务报表的影响已在报表附注2中做了说明，由于这一变动，清丰公司的利润总额从原来的100万元上升到200万元。

要求：

（1）若变动是合理的，审计人员应发表什么类型的审计意见？请说明理由。

（2）若变动是不合理的，并且该问题使财务报表产生严重歪曲，审计人员应发表什么类型的审计意见？请说明理由。

案例分析

资料：天诚正信会计师事务所承接了清丰公司2018年度的财务报表审计业务，并委派注册会计师冯海霞担任项目合伙人。确定的财务报表整体的重要性水平为100万元，营业收入及利润总额分别为3 000万元和400万元。审计报告日为2019年3月2日，其他相关情况如下：

（1）前任注册会计师对清丰公司 2017 年度财务报表发表了无保留意见，但冯海霞在审计过程中已经获取上期财务报表存在重大错报的审计证据，且对应数据在本期未经适当重述或恰当披露；

（2）清丰公司 2018 年资产负债表中列示的存货项目金额为 200 万元，管理层按照成本对存货进行计量，如果是按照成本与可变现净值孰低原则计量，存货金额将减少 50 万元；

（3）清丰公司 2018 年报表附注中披露了于 2017 年取得了蓝海公司 70% 的股权，采用权益法核算该项股权投资，2018 年清丰公司确认的投资收益为 120 万元，截至 2018 年 12 月 31 日该长期股权投资的账面价值为 400 万元；

（4）2018 年 11 月红河公司起诉清丰公司违约，要求赔偿损失金额 150 万元，冯海霞通过咨询律师，清丰公司很可能败诉，截至 2018 年 12 月 31 日尚未判决，清丰公司拒绝在附注中披露该事项。

要求：请单独考虑上述每个事项，不考虑其他情况，确定冯海霞应该发表的审计意见类型，并简要说明理由。

期末模拟试卷

（一）

一、单项选择题（每小题0.5分，共40小题，20分）

1.审计产生的客观基础是（   ）。

A.会计发展的需要

B.生产发展的需要

C.受托经济责任关系

D.管理的现代化

2.清丰公司内部控制健全有效，注册会计师依赖了内部控制，但由于清丰公司串通银行舞弊最终导致有一项影响财务报表的重大舞弊行为没有被查出，注册会计师被认为负有的责任是（   ）。

A.普通过失　　　　B.重大过失　　　　C.违约　　　　　　D.欺诈

3.注册会计师应当承担的刑事责任是（   ）。

A.罚金

B.警告

C.赔偿受害人损失

D.暂停执业

4.注册会计师依据审计准则出具了恰当的审计报告，下列说法正确的是（   ）。

A.该审计报告含有严重虚假或误导性陈述

B.其他信息中含有缺乏充分根据的陈述或信息

C.该审计报告是值得信赖的

D.该审计报告存在遗漏或含糊其词的信息

5.关于保密原则的说法中，不正确的是（   ）。

A.注册会计师应当避免向其近亲属或关系密切的人员无意泄密的可能性

B.变更工作时，注册会计师可以利用以前的经验

C.在终止与客户的关系后，注册会计师不再需要对所获知的信息保密

D.注册会计师不得利用因职业关系和商业关系所获知的涉密信息为第三方谋取利益

6.下列情况中，对注册会计师执行审计业务的独立性影响最大的是（   ）。

A.注册会计师的母亲退休后担任被审计单位工会的文艺干事

B.注册会计师的配偶现在是被审计单位开户银行的业务骨干

C.注册会计师的一位朋友拥有被审计单位的股票

D.注册会计师的妹妹大学毕业后在被审计单位担任现金出纳

7.清丰公司的存货跌价准备计提不足，则其资产负债表的存货项目违背了（   ）认定。

A.存在

B.权利和义务

C.分类

D.准确性、计价和分摊

8.下列各项有关审计证据特征的理解中，恰当的是（   ）。

A.获取的审计证据数量越多，越能增进审计证据的适当性

B.审计证据越适当，需要的数量越多

C.审计证据质量存在缺陷，无法依靠证据的数量弥补

D.审计证据质量不高，则需要更多的证据增强其证明力

9.下列审计程序中，通常不用作实质性程序的是（   ）。

A.重新计算　　　　B.分析程序　　　　C.检查　　　　D.重新执行

10.下列注册会计师为获取适当审计证据所实施的审计程序中，与审计目标最相关的是（　　）。

A.从清丰公司销售发票中选取样本，追查至对应的发货单，以确定销售的完整性

B.实地观察清丰公司固定资产，以确定固定资产的所有权

C.对已盘点的清丰公司存货进行检查，将检查结果与盘点记录相核对，以确定存货的计价正确性

D.复核清丰公司编制的银行存款余额调节表，以确定银行存款余额的正确性

11.下列各项中，不属于注册会计师收集审计证据的方法的是（　　）。

A.询问　　　　B.听证　　　　C.函证　　　　D.监盘

12.为证实某笔应收账款确已收回，下列审计证据中可靠性最高的是（　　）。

A.询问记录　　　　　　　　B.销售合同

C.应收账款明细表　　　　　D.银行对账单

13.下列各项中，不属于分析程序的是（　　）。

A.计算本期重要产品的毛利率，与上期比较，检查其是否存在异常，各期之间是否存在重大波动

B.分析存货和营业成本等项目的增减变动，判断应付账款增减变动的合理性

C.分析统计抽样得出的样本误差，推断总体误差

D.计算本期计提折旧额与固定资产原值的比率，并与上期比较

14.下列有关审计工作底稿的说法中，不正确的是（　　）。

A.注册会计师所获取的每一个审计证据都要通过审计工作底稿加以记载

B.每一张工作底稿都为证明财务报表是否不存在重大错报提供了直接的证据

C.审计工作底稿是注册会计师对被审计单位的财务报表出具审计报告的基础

D.审计工作底稿为注册会计师执业过程中是否遵循审计准则提供直接证据

15.审计工作底稿通常包括（　　）。

A.已被取代的审计工作底稿的草稿或财务报表的草稿

B.反映不全面或初步思考的记录

C.存在印刷错误或其他错误而作废的文本

D.审计业务约定书

16.审计工作底稿复核的内容不包括（　　）。

A.所引用的有关资料是否可靠　　　B.制订的审计计划是否详细

C.审计程序和审计方法是否恰当　　　D.审计结论是否正确

17.审计工作底稿通常不包括的内容是（　　）。

A.未审的财务报表草稿　　　　　　B.具体审计计划

C.管理层声明书　　　　　　　　　D.由电子介质转换的纸质工作底稿

18.天诚正信会计师事务所负责审计清丰公司2019年度财务报表，于2020年1月3日开始执行审计业务，2020年3月10日出具了标准的审计报告，则保持独立性的期间是（　　）。

A.2019年1月1日—2019年12月31日　　B.2020年1月3日—2020年3月10日

C.2019年1月1日—2020年3月10日　　D.2019年1月1日—2020年1月3日

19.天诚正信会计师事务所前任高级合伙人李金生加入审计客户清丰公司，担任清丰公司的董事，可能会因（　　）对独立性产生不利影响。

A.外在压力　　　　B.自身利益　　　　C.自我评价　　　　D.过度推介

20.天诚正信会计师事务所前任高级合伙人李金生加入审计客户清丰公司，担任清丰公司的董事，除非李金生离职已超过（　　），否则独立性将被视为受到损害。

A.24个月　　　　　B.5年　　　　　　C.12个月　　　　　D.6个月

21.审计业务的承接以（　　）的签署为标志。

A.审计合同　　　　　　　　　　B.审计业务约定书

C.审计协议　　　　　　　　　　D.审计报告

22.下列关于总体审计策略和具体审计计划的说法中，不正确的是（　　）。

A.注册会计师应当在总体审计策略中清楚地说明审计资源的规划和调配，包括确定执行审计业务所必需的审计资源的性质、时间安排和范围

B.总体审计策略用以确定审计范围、时间安排和方向，并指导具体审计计划的制订

C.具体审计计划应当包括风险评估程序、计划实施的进一步审计程序和计划的其他审计程序

D.计划审计工作是审计业务的一个孤立阶段，一经确定不能更改

23.在整个审计过程中，审计人员都将运用分析程序，常用的分析程序不包括（　　）。

A.比较分析法　　　　　　　　　B.比率分析法

C.项目分析法　　　　　　　　　D.趋势分析法

24.针对特别风险的控制测试，下列说法正确的是（　　）。

A.每两年至少对控制测试一次

B.每三年至少对控制测试一次

C.如果控制没有变化，可以不实施控制测试

D.无论控制是否发生变化，都不应依赖以前获取的审计证据

25.下列内容中，不属于应收账款实质性程序的是（　　）。

A.获取或编制应收账款明细表

B.分析应收账款账龄

C.核对货运文件样本与相关的销售发票

D.抽查有无不属于结算业务的债权

26.下列属于付款交易的截止测试的是（　　）。

A.确定期末最后签署的支票的号码，确保期后的支票支付未被当作本期的交易予以记录

B.选择已记录采购的样本，检查相关的商品验收单，保证交易已记入正确的会计期间

C.确定被审计单位期末用于识别未记录负债的程序，获取相关交易已记入"应付账款"科目的证据

D.复核截至审计外勤结束日记录在期后的付款，查找其是否在年底前发生的证据

27.注册会计师观察被审计单位存货盘点的主要目的是（ ）。

A.查明客户是否漏盘某些重要的存货项目

B.鉴定存货的质量

C.了解盘点指示是否得到贯彻执行

D.获得存货期末是否实际存在以及其状况的证据

28.库存现金的盘点一般采用（ ）。

A.不定期盘点　　　　B.定期盘点　　　　C.通知盘点　　　　D.突击盘点

29.在进行风险评估时，注册会计师通常采用的审计程序是（ ）。

A.将财务报表与其所依据的会计记录相核对

B.实施分析程序以识别异常的交易或事项，以及对财务报表和审计产生影响的金额、比率和趋势

C.对应收账款进行函证

D.以人工方式或使用计算机辅助审计技术，对记录或文件中的数据的计算准确性进行核对

30.下列各项中，与清丰公司财务报表层次重大错报风险评估最相关的是（ ）。

A.清丰公司应收账款周转率呈明显下降趋势

B.清丰公司持有大量高价值且易被盗窃的资产

C.清丰公司的生产成本计算过程相当复杂

D.清丰公司控制环境薄弱

31.以下关于实质性程序的含义的说法中，正确的是（ ）。

A.实质性程序是注册会计师针对财务报表层次的重大错报设计的审计程序

B.实质性程序是注册会计师针对认定层次的重大错报设计的审计程序

C.实质性程序是用于测试被审计单位内部控制有效性的审计程序

D.实质性程序包括控制测试和细节测试

32.以下关于实质性程序的性质的说法中，错误的是（ ）。

A.实质性程序的性质，是指实质性程序的类型及其组合，基本类型包括细节测试和实质性分析程序

B.实质性分析程序通常适用于在一段时间内存在可预期关系的大量交易

C.细节测试的目的在于直接识别财务报表认定是否存在错报

D.针对存在或发生认定，在设计细节测试时应从相关凭证入手

33.注册会计师通过对被审计单位内部控制的测试，可以确定被审计单位的内部控制（ ）。

A.设计是否合理

B.是否得到执行

C.是否有效运行

D.是否能够有效防止或发现并纠正重大错报

34.注册会计师对被审计单位实施销售业务的截止测试，其主要目的是检查（　　）。

A.年底应收账款的真实性　　　　　　　B.是否存在过多的销售折扣

C.销售业务的入账时间是否正确　　　　D.销售退回是否已经核准

35.注册会计师如果对应付账款进行函证，通常采用的函证方式是（　　）。

A.积极的函证　　　　　　　　　　　　B.消极的函证

C.积极的函证和消极的函证相结合　　　D.积极的函证或消极的函证均可

36.下列有关存货监盘的表述中，不正确的是（　　）。

A.存货监盘不仅是监督盘点，还包括适当的检查

B.通过存货监盘，可以同时实现存货的存在、完整性、权利和义务等多个审计目标

C.存货监盘程序主要包括控制测试和实质性程序两种方式

D.对监盘结果进行适当检查的目的仅是证实被审计单位的存货实物总额

37.下列与现金业务有关的职责中，可以不分离的是（　　）。

A.现金支付的审批与执行　　　　　　　B.现金保管与库存现金日记账的记录

C.现金的会计记录与审计监督　　　　　D.现金保管与库存现金总分类账的记录

38.下列各项中，符合现金监盘要求的是（　　）。

A.被审计单位会计主管要回避

B.不同存放地点的现金同时进行监盘

C.监盘时间安排在当日现金收付业务进行过程中

D.审计人员帮助出纳进行现金清点

39.如果被审计单位财务报表就其整体而言是公允的，但因审计范围受到重要的局部限制，无法按照审计准则的要求取得应有的审计证据，注册会计师应发表的审计报告类型是（　　）。

A.带强调事项段的无保留意见　　　　　B.保留意见

C.无法表示意见　　　　　　　　　　　D.否定意见

40.如果在审计报告日后至财务报表对外报出日前，注册会计师发现已审计财务报表与其他信息存在重大不一致，经进一步审查，需要修改被审计单位财务报表，且被审计单位同意修改，则注册会计师应当（　　）。

A.与被审计单位管理层讨论

B.直接增加补充审计报告

C.在实施必要审计程序的基础上针对修改后的财务报表重新出具审计报告

D.不用再进行任何处理

二、多项选择题（每小题1分，共30小题，30分）

1.注册会计师的普通过失和重大过失的主要区别在于（　　）。

A.在多大程度上没有保持应有的职业谨慎

B.在多大程度上没有遵循执业准则

C.未发现的错报的金额是否重大

D.未发现的错报的性质是否严重

2.诚信原则要求注册会计师不得与（　　）发生牵连。

A.严重虚假或误导性陈述   B.缺乏根据的陈述

C.含糊其词的信息   D.金额重大或关键性信息

3.下列有关注册会计师职业道德基本原则的表述中，正确的有（　　）。

A.注册会计师在执业时应将委托人的利益放在第一位

B.注册会计师履行职责时，应保持合理的职业谨慎

C.注册会计师应当保持专业胜任能力

D.注册会计师对于在执业过程中得知的商业秘密，负有保密责任

4.关于审计证据的含义，以下理解中恰当的有（　　）。

A.注册会计师仅仅依靠会计记录不能有效形成结论，还应当获取其他信息的审计证据

B.注册会计师对财务报表发表审计意见的基础是会计记录中含有的信息

C.如果会计记录是电子数据，注册会计师必须对生成这些信息所依赖的内部控制予以充分关注

D.注册会计师将会计记录和其他信息结合在一起，才能将审计风险降至可接受的低水平，为发表审计意见提供合理基础

5.注册会计师通过实施"检查外来账单与本单位有关账目的记录是否相符"这一程序，可能证实被审计单位管理层对财务报表的认定包括（　　）。

A.存在   B.完整性

C.截止   D.准确性、计价和分摊

6.下列表述中，正确的有（　　）。

A.询问主要适用于内部控制失效、会计基础工作较差的被审计单位

B.通过检查记录或文件获得的审计证据的可靠性取决于记录或文件的来源和性质

C.询问必须做成书面记录，并由答询人签字或盖章

D.观察有形资产可以为其权利和义务认定提供可靠的审计证据

7.相对于详查法，抽查法的优点有（　　）。

A.提高审计效率

B.节约审计资源

C.更有效地查出会计资料中存在的差错

D.更容易发现发生频率不高的错弊

8.通常情况下，注册会计师需要对特定项目实施函证的有（　　）。

A.金额较小的项目

B.账龄较长的项目

C.可能存在争议以及产生重大舞弊或错误的交易

D.重大或异常的交易

9.对于被审计单位提供的合同、章程等复印件，必须（　　）方能形成审计工作

底稿。

  A.注明资料来源   B.将复印件与原件核对

  C.形成审计结论   D.注册会计师签名、盖章

10.下列有关当期档案的说法中，不正确的有（ ）。

  A.当期档案是指仅供本期和下期使用的审计档案

  B.记录企业规章制度的审计档案属于当期档案

  C.在控制测试中形成的审计档案属于当期档案

  D.记录实质性程序的审计档案不属于当期档案

11.下列各项中，属于直接经济利益的有（ ）。

  A.持有被审计单位1 000股股票

  B.投资于被审计单位的共同基金

  C.投资于被审计单位的共同基金，共同基金再投资的一揽子金融产品

  D.持有被审计单位1 000元债券

12.会计师事务所代替被审计单位进行的下列活动中，通常被视为管理层职责的有（ ）。

  A.制定政策和战略方针

  B.指导员工的行动并由员工对行动负责

  C.负责按照适用的会计准则编制财务报表

  D.对交易进行授权

13.注册会计师应当根据职业判断，定期就可能影响独立性的关系或事项与治理层沟通，这种沟通对于因（ ）产生的不利影响尤为有效。

  A.外在压力   B.自身利益   C.密切关系   D.自我评价

14.注册会计师在计划审计工作前，需要开展初步业务活动，以实现（ ）的目的。

  A.具备执行业务所需的独立性和能力

  B.不存在因管理层诚信问题而可能影响注册会计师保持该项业务的意愿的事项

  C.按时完成审计工作

  D.与被审计单位之间不存在对审计业务约定条款的误解

15.注册会计师可以与被审计单位签订长期审计业务约定书。但如果出现（ ）的情况，应当考虑重新签订审计业务约定书。

  A.有迹象表明被审计单位误解审计目标和范围

  B.需要修改约定条款或增加特别条款

  C.高级管理人员、董事会或所有权结构近期发生变动

  D.被审计单位业务的性质或规模发生重大变化

16.在了解被审计单位内部控制时，注册会计师通常会（ ）。

  A.查阅上期工作底稿

  B.追踪交易在财务报告信息系统中的处理过程

  C.重新执行某项控制

D.现场观察某项控制的运行

17.注册会计师通过实施风险评估，察觉到被审计单位管理层因面临实现盈利指标的压力而可能提前确认营业收入，并认为这方面的风险属于特别风险，则在设计针对这一特别风险的实质性程序时，应当满足以下观点或要求（   ）。

A.在实施函证程序时，考虑询证销售协议的细节条款

B.针对销售协议上的变动情况，询问被审计单位的非财务人员

C.在实施实质性程序时，必须使用细节测试

D.在实施实质性程序时，必须使用实质性分析程序

18.销售与收款循环中所使用的重要凭证和记录有（   ）。

A.销售单   B.库存现金日记账

C.应收账款明细账   D.往来对账单

19.注册会计师拟对被审计单位的货币资金实施实质性程序。以下审计程序中，属于实质性程序的有（   ）。

A.检查银行预留印鉴是否按照规定保管

B.检查银行存款余额调节表中未达账项在资产负债表日后的进账情况

C.检查库存现金是否妥善保管，是否定期盘点、核对

D.检查外币银行存款年末余额是否按年末汇率折算为记账本位币金额

20.下列情况中，注册会计师应当发表保留意见或无法表示意见的有（   ）。

A.因审计范围受到被审计单位限制，注册会计师无法就可能存在的对财务报表产生重大影响的错误与舞弊，获取充分、适当的审计证据

B.因审计范围受到被审计单位限制，注册会计师无法就对财务报表可能产生重大影响的违反或可能违反法规的行为，获取充分、适当的审计证据

C.注册会计师无法确定已发现的错误与舞弊对财务报表的影响程度

D.被审计单位管理层拒绝就对财务报表具有重大影响的事项提供必要的书面声明，或拒绝就重要的口头声明予以书面确认

21.注册会计师冯海霞在审计清丰公司财务报表时，没有对存货项目实施监盘程序，并出具了无保留意见审计报告。如果注册会计师协会在例行业务抽查中注意到了这一情况，但并没有认定冯海霞违反审计准则，你认为原因有（   ）。

A.冯海霞不知道准则中有关监盘的要求而没有实施监盘

B.未实施监盘可能是受到清丰公司的限制，冯海霞并无过失

C.清丰公司的存货余额占资产总额的比例很低

D.冯海霞可能使用了用以替代监盘的其他满意的替代程序

22.或有收费可能对职业道德基本原则的遵循产生不利影响，评价不利影响重要程度的决定因素有（   ）。

A.业务的性质   B.可能的收费金额区间

C.确定收费的基础   D.实施质量控制政策和程序

23.会计师事务所的合伙人或员工不得兼任审计客户的（   ）职位。

A.高级管理人员   B.董事

　　C.董事会秘书　　　　　　　　　　　　D.日常行政秘书

24.注册会计师对财务报表的审计是对财务报表的下列内容发表意见（　　　）。

　　A.财务报表是否不存在重大错报

　　B.财务报表是否按照适用的会计准则和相关会计制度的规定编制

　　C.财务报表是否反映了管理层的判断和决策

　　D.财务报表是否在所有重大方面公允反映被审计单位的财务状况、经营成果和现金流量

25.注册会计师应当保持应有的执业谨慎，合理确定重要性水平，（　　　）。

　　A.如果确定的重要性水平过低，既影响审计的效率，又影响审计的质量

　　B.如果确定的重要性水平过低，会影响审计的效率，但不影响审计效果

　　C.如果确定的重要性水平过高，会影响审计的效果

　　D.如果确定的重要性水平过高，会影响审计的质量，但不影响审计的效率

26.在（　　　）阶段实施分析程序是强制要求的。

　　A.实施控制测试　　　　　　　　　　　B.实施实质性程序

　　C.实施风险评估程序　　　　　　　　　D.总体复核

27.总体审计策略的制定应当包括（　　　）。

　　A.确定审计业务的特征　　　　　　　　B.明确审计业务的报告目标

　　C.考虑影响审计业务的重要因素　　　　D.考虑初步业务活动的结果

28.在确定特别风险时，注册会计师冯海霞的下列做法正确的有（　　　）。

　　A.直接假定清丰公司收入确认存在特别风险

　　B.将清丰公司管理层舞弊导致的重大错报风险确定为特别风险

　　C.直接假定清丰公司存货存在特别风险

　　D.将清丰公司管理层凌驾于控制之上的风险确定为特别风险

29.进一步审计程序包括（　　　）。

　　A.风险评估程序　　　B.控制测试　　　C.分析程序　　　D.实质性程序

30.下列事项中，会导致注册会计师出具带强调事项段的审计报告的有（　　　）。

　　A.可能导致对持续经营能力产生重大疑虑的事项或情况，但不影响已发表的审计意见

　　B.以前针对上期财务报表出具的审计报告为非无保留意见的审计报告时，虽然导致非无保留意见的事项已经解决，但对本期仍很重要

　　C.由于董事会未能达成一致，难以确定未来的经营方向和战略

　　D.需要修改其他信息（重大不一致）而被审计单位拒绝修改

三、判断题（每小题0.5分，共20小题，10分）

1.注册会计师的名片上可以印有姓名、专业资格、职务、社会职务、专家称谓、会计师事务所的地址和标识等。　　　　　　　　　　　　　　　　　　　　　（　　　）

2.对执行代编财务信息的注册会计师通常没有独立性方面的要求。　　　（　　　）

3.通过财务报表审计，可以减轻被审计单位的管理层和治理层对财务报表的责任。

（　　）

4.审计证据充分性与适当性相互影响，越适当的证据，需要的证据数量越少；多获取证据，可以增进审计证据的适当性。（　　）

5.注册会计师可以将总体审计策略和具体审计计划的制订工作结合起来进行，并编制一份完整的审计计划。（　　）

6.有限责任会计师事务所采用主任会计师负责制。（　　）

7.只要被审计单位的财务报表违背了企业会计准则的要求，注册会计师就应当出具保留意见或否定意见的审计报告。（　　）

8.如果注册会计师不打算依赖被审计单位的内部控制，则无须对内部控制进行了解。（　　）

9.注册会计师在观察存货盘点时应当关注存货的移动情况，防止遗漏或重复盘点。

（　　）

10.一般地，如果企业的其他货币资金业务较少，注册会计师可以直接进行其他货币资金的实质性程序。（　　）

11.注册会计师于2020年3月1日开始执行审计业务，并持续到2020年4月6日。那么，业务期间为2020年1月1日至2020年4月6日。（　　）

12.在审计客户中拥有经济利益，可能因自身利益导致不利影响。（　　）

13.在审计过程中，注册会计师发现被审计单位变更了会计处理方法，并未在财务报表附注中进行披露，但是考虑到注册会计师审计目的中包括合法性和公允性，注册会计师还是可以发表无保留意见的审计报告。（　　）

14.注册会计师在对被审计单位进行审计的过程中发现需要调整和披露的事项，此时注册会计师只能提请被审计单位进行调整和披露，没有行政强制力；只是在被审计单位拒绝调整和披露的情况下，视情况的重要程度出具保留意见或否定意见的审计报告。

（　　）

15.注册会计师只要在审计过程中公正执业，保持客观和专业怀疑，在发表审计意见时履行专业判断、不受影响，就被认为恰当地遵守了独立性原则。（　　）

16.注册会计师不得为上市公司提供代为编制财务报表等专业服务。（　　）

17.会计师事务所可通过正当途径对其能力进行不夸大其词、不诋毁同业的广告宣传。（　　）

18.会计师事务所在签署审计业务约定书之前应评价事务所的胜任能力，如果事务所不具备胜任能力，可向外界专家寻求协助。（　　）

19.控制环境本身能够防止或发现并纠正各类交易、账户余额和披露认定层次的重大错报，注册会计师在评估控制风险时应当将控制环境连同其他内部控制因素产生的影响一并考虑。（　　）

20.了解被审计单位的性质有助于注册会计师理解预期在财务报表中反映的各类交易、账户余额和披露。

（　　）

四、案例题（每题8分，共5题，40分）

1.资料：注册会计师李祥龙和审计助理赵咏梅在清丰公司2019年度财务报表审计过程中获取了以下7组审计证据：（1）入库单与购货发票；（2）销售发票副本与产品出库单；（3）领料单与材料成本计算表；（4）工资计算单与工资发放单；（5）存货盘点表与存货监盘记录；（6）银行询证函的回函与银行对账单；（7）李祥龙收回的应收账款询证函的回函与通过询问客户应收账款负责人得到的记录。

要求：请分别说明每组审计证据中哪项审计证据较为可靠，并简要说明理由。

2.资料：清丰公司计划发行A股并上市，聘请天诚正信会计师事务所审计其2017年度、2018年度及2019年度财务报表。注册会计师冯海霞担任清丰公司审计项目合伙人。在审计过程中，天诚正信会计师事务所遇到下列与职业道德相关的事项：

（1）注册会计师冯海霞和清丰公司的董事是同学，两人共同投资开设一家餐厅，各占50%股份，该投资对双方均不重大。

（2）审计业务约定书约定，清丰公司如上市成功，将另行奖励天诚正信会计师事务所，奖励金额按发行股票融资额的0.1%计算。

（3）清丰公司是F1赛事中国站的赞助商，送给注册会计师冯海霞5张中国站的贵宾票。冯海霞将票分给了审计项目组成员。

（4）2018年3月1日，天诚正信会计师事务所接受委托，为清丰公司编制企业所得税纳税申报表，该表经清丰公司财务总监签署后报出。

要求：针对上述事项，逐项指出天诚正信会计师事务所及清丰公司审计项目组成员是否违反中国注册会计师职业道德守则，并简要说明理由。

3.资料：天诚正信会计师事务所2019年发生了几起诉讼案件，具体情况如下：

（1）注册会计师冯海霞按照审计准则实施了审计程序，但因被审计单位与银行串通，银行给会计师事务所出具了记有虚假信息的银行对账单，导致注册会计师出具了不实报告，多数利害关系人遭受了损失并将会计师事务所告上了法庭，天诚正信会计师事务所要求免责。

（2）投资人周晓琳了解到天诚正信会计师事务所与其被审计单位串通出具了不实报告，但是仍然购买了被审计单位的股票并遭受了重大的经济损失，周晓琳将注册会计师王晓慧告上了法庭，天诚正信会计师事务所要求免责。

（3）由于天诚正信会计师事务所为清丰公司出具了不实报告，王明伦购买的清丰公司的股票严重下跌，王明伦将天诚正信会计师事务所告上法庭并要求其承担赔偿责任，但是天诚正信会计师事务所以在报告中注明"本报告仅供年检使用"为由要求免责。

要求：假定不考虑其他事项，请分析以上情形，分别说明天诚正信会计师事务所的免责要求是否成立，并简要说明理由（以上各事项均独立存在）。

4.资料：注册会计师冯海霞和李祥龙为识别和评估清丰公司2019年度财务报表的重大错报风险，需要了解清丰公司及其环境。为此他们决定专门实施下列风险评估程序：（1）询问被审计单位管理层和内部其他相关人员；（2）观察和检查。

要求：（1）冯海霞和李祥龙应当从哪些方面对清丰公司及其环境进行了解？

（2）在进行风险评估时，除了实施上述两类专门程序外，冯海霞和李祥龙还可以实施哪些程序？

（3）在了解清丰公司及其环境，以评估重大错报风险时，冯海霞和李祥龙可以向清丰公司管理层和财务负责人询问哪些主要情况或事项？

（4）在了解清丰公司及其环境，以评估重大错报风险时，冯海霞和李祥龙实施的观察和检查程序的具体内容包括哪些方面？

5.资料：2020年2月15日下午5时30分，注册会计师冯海霞、清丰公司出纳张慧敏、会计主管王高峰一同参加清丰公司现金的清查盘点工作。清查结果如下：

（1）盘点现金（人民币）结存数：100元币120张，50元币80张，10元币220张，5元币84张，1元币570张，5角币50张，2角币20张，1角币51张，5分币32枚，2分币14枚，1分币8枚。

（2）查明库存现金日记账截至2020年2月15日的账面余额为21 679.24元。

（3）查出已经办理收款手续尚未入账的收款凭证（191号至202号）金额合计为4 372.31元。

（4）查出已经办理付款手续尚未入账的付款凭证（203号至211号）金额合计为4 126.14元。

（5）发现库存现金日记账中夹有两张药费借据，共计2 560元：职工王海涛1 250元，职工刘恒祥1 310元。以上借据均未经领导批准。

（6）发现保险柜中有2019年5月1日收到销售产品的转账支票一张，金额7 500元。

（7）银行核定的现金限额为10 000元。

要求：

（1）根据清查结果，编制库存现金监盘表，见下表。

库存现金监盘表

年　月　日　时　分盘点

检查盘点记录				实有库存现金盘点记录				
项目	项次	人民币	美元	面额	人民币		美元	
					张	金额	张	金额
上一日账面库存余额	①			1 000元				
盘点日未记账传票收入金额	②			100元				
盘点日未记账传票支出金额	③			50元				
盘点日账面应有金额	④=①+②-③			20元				
盘点实有库存现金数额	⑤			10元				
盘点日应有与实有差异	⑥=④-⑤			5元				

续表

检查盘点记录				实有库存现金盘点记录				
项目	项次	人民币	美元	面额	人民币		美元	
					张	金额	张	金额
差异原因分析 白条抵库（　　张）				2元				
				1元				
				5角				
				2角				
				1角				
				5分				
				2分				
				1分				
现金短缺				合计				

出纳：　　　　　　　　会计主管人员：　　　　　　　　监盘人：

（2）指出清丰公司现金管理中存在的主要问题，并提出审计意见。

期末模拟试卷

（二）

一、单项选择题（每小题0.5分，共40小题，20分）

1.下列关于注册会计师审计的起源、形成和发展的说法中，不正确的是（   ）。

　　A.注册会计师审计起源于企业所有权和经营权的分离

　　B.18世纪，英国注册会计师审计的重点是查错防弊

　　C.注册会计师审计起源于18世纪的美国

　　D.16世纪，注册会计师审计的目标是保护企业资产的安全和完整

2.从检查被审计单位内部控制入手，根据内部控制测试结果，确定实质性程序的范围、数量和重点的审计模式是（   ）。

　　A.账项基础审计　　　　　　　　　　　B.制度基础审计

　　C.风险导向审计　　　　　　　　　　　D.数据基础审计

3.下列各项中，属于注册会计师审计业务范围的是（   ）。

　　A.对未来事项可实现程度做出保证

　　B.代行被审计单位的部分管理层职责

　　C.验证企业资本，出具验资报告

　　D.对被审计单位违反会计准则的事项进行处罚

4.（   ）是注册会计师欺诈的重要特征，也是欺诈与过失的主要区别。

　　A.具有不良动机　　　　　　　　　　　B.未能保持应有的职业谨慎

　　C.违反审计准则　　　　　　　　　　　D.没有发现重大错报

5.注册会计师在认定了以下账户的情况后，由于各种原因而未能做进一步的审查，以致该账户的财务报表项目中存在重大问题而未被发现。其中，最有可能被判定为欺诈的是（   ）。

　　A.实收资本大量增加，而被审计单位已出示了验资报告

　　B.相比去年，应收账款账户余额非常高，但被审计单位不能加以合理解释

　　C.营业外收入账户金额不大，与以前三年情况基本一致

　　D.累计摊销大幅度增加，但被审计单位的有关内部控制健全而有效

6.注册会计师对被审计单位的应收账款进行了大量的函证，一封回函声称与被审计单位不存在交易。但注册会计师没有拆封此封回函，便认可了该笔应收账款的存在。注册会计师的这种做法属于（   ）。

　　A.重大过失　　　　　B.没有过失　　　　　C.普通过失　　　　　D.欺诈

7.注册会计师在执业过程应特别注意无意泄密，（   ）不属于无意泄密的对象。

　　A.注册会计师的岳父

　　B.注册会计师的表姐

　　C.与注册会计师关系密切的伙伴

　　D.注册会计师正在审计的年报客户所在行业的竞争对手

8.在职业道德基本原则中，（   ）原则是对注册会计师专业工作过程中内心状态的要求。

　　A.诚信　　　　　　　　　　　　　　　　B.独立性

C.专业胜任能力和应有的关注　　　　D.客观与公正

9.在注册会计师职业道德基本原则中，（　　）原则要求注册会计师在向公众传递信息时应当客观、真实、得体，不得损害职业形象。

A.诚信　　　　　　　　　　　　　　B.良好的职业行为

C.专业胜任能力和应有的关注　　　　D.客观和公正

10.（　　）不属于注册会计师的主要近亲属。

A.妻子　　　　　　B.父亲　　　　　　C.弟弟　　　　　　D.儿子

11.被审计单位存在的以下情形中，（　　）导致其2019年度营业收入违背发生认定。

A.将2020年年初实现的销售收入提前到2019年入账

B.将金额为10万元的销售业务按12万元入账

C.将一笔3万元的营业外收入列到营业收入项目中

D.将一笔5万元的营业收入重复记入营业收入账户

12.针对被审计单位将对现销客户的折让比例由原先的5%提高到10%这一情况，注册会计师最应关注的是由此导致的营业收入项目（　　）认定的重大错报风险。

A.截止　　　　　　B.发生　　　　　　C.完整性　　　　　　D.准确性

13.在确定审计证据的可靠性时，下列表述中错误的是（　　）。

A.以书面形式存在的审计证据比口头形式的审计证据更可靠

B.从外部独立来源获取的审计证据比从其他来源获取的审计证据更可靠

C.从复印件获取的审计证据比从传真件获取的审计证据更可靠

D.直接获取的审计证据比推论得出的审计证据更可靠

14.在清丰公司的审计过程中，注册会计师运用检查有形资产程序主要为（　　）提供审计证据。

A.验证资产的金额是否正确　　　　　B.验证资产是否存在

C.验证资产的权利和义务　　　　　　D.证明资产的完整性

15.以下项目中，必须实施函证的是（　　）。

A.长期股权投资　　　B.应收票据　　　C.银行存款　　　D.应付账款

16.下列有关审计证据相关性的说法中，错误的是（　　）。

A.审计证据应与审计事项的某一具体审计目标密切相关

B.审计证据的相关性是指审计证据的数量要足以证明审计事项的真相以及支持审计意见和审计决定

C.审计证据与证实某一审计目标的其他证据有相互印证关系时，能够产生联合证明力

D.审计证据与审计目标或其他证据的内在联系越强，审计证据的质量越好

17.下列有关审计方法的表述中，错误的是（　　）。

A.顺查法是指从检查原始凭证入手的审计方法

B.顺查法一般适用于业务规模较小、会计资料较少的被审计单位

C.逆查法是指从分析检查财务报表入手的审计方法

D.逆查法一般适用于存在问题较多的被审计单位

18.天诚正信会计师事务所于2018年首次接受委托，审计清丰公司2018年度财务报表，冯海霞作为关键审计合伙人，之后与其取得长期合作关系。在2019年相关财务报表审计工作完成后清丰公司成为上市公司，则冯海霞作为关键审计合伙人还可以继续服务的年限是（　　）。

  A.1年   B.2年   C.3年   D.4年

19.清丰公司2019年度财务报表拟由天诚正信会计师事务所进行审计，下列情况中，会影响会计师事务所的独立性且导致事务所不能承办该业务的是（　　）。

  A.审计项目组成员李刚明在清丰公司中拥有5%的股份

  B.审计项目组成员张一帆的姐姐是清丰公司的财务总监

  C.在2019年3月1日之前，审计项目组成员徐敏毅曾是清丰公司的财务经理

  D.会计师事务所的注册会计师刘珂刚兼任审计客户的董事

20.下列影响独立性的因素中，不属于外在压力对独立性产生不利影响的是（　　）。

  A.审计项目组成员在审计客户中拥有直接经济利益

  B.审计项目组成员在重大会计、审计等问题上与审计客户存在意见分歧而受到解聘威胁

  C.审计项目组成员受到有关单位或个人不恰当的干预

  D.审计项目组成员受到审计客户降低收费压力而不恰当地缩小工作范围

21.审计业务约定书是指会计师事务所与（　　）签订的，用以记录和确认审计业务的委托与受托关系、审计目标和范围、双方的责任以及报告的格式等事项的书面协议。

  A.被审计单位治理层   B.大股东

  C.所有的预期使用者   D.被审计单位

22.下列关于计划审计工作的说法中，正确的是（　　）。

  A.计划审计工作前需要充分了解被审计单位及其环境，一旦确定，无须进行修改

  B.计划审计工作通常由项目组中经验较多的人完成，项目合伙人审核批准

  C.小型被审计单位无须制定总体审计策略

  D.项目合伙人和项目组中其他关键成员应当参与计划审计工作

23.在编制审计计划时，注册会计师应当对重要性水平做出初步判断，以便确定（　　）。

  A.所需审计证据的数量   B.可容忍误差

  C.初步审计策略   D.审计意见类型

24.在每次进行项目组内部讨论时，（　　）必须参加讨论。

  A.所有注册会计师   B.项目负责人

  C.审计助理   D.聘任的专家

25.财务报表层次的重大错报风险很可能源自被审计单位薄弱或无效的（　　）。

  A.控制环境   B.控制程序   C.职责分离   D.业务流程

26.进一步审计程序是相对于风险评估程序而言的，是指注册会计师针对（　　）

的重大错报风险实施的审计程序。

　　A.财务报表　　　　B.财务报表层次　　　C.认定层次　　　　D.披露

　　27.注册会计师在实施控制测试时，如果将询问、观察和检查等程序结合在一起仍无法获得充分的证据，需要考虑采用（　　）程序来证实控制是否有效运行。

　　A.重新执行　　　　B.重新计算　　　　C.监盘　　　　　D.函证

　　28.下列事项中，属于注册会计师总体审计策略审核事项的是（　　）。

　　A.审计程序能否达到审计目标

　　B.审计程序能否适合设计项目的具体情况

　　C.对审计重要性的确定和审计风险的评估是否恰当

　　D.重点审计程序的制定是否适当

　　29.内部控制包括（　　）要素。

　　A.控制环境、风险评估过程、信息系统与沟通、控制活动、控制结构

　　B.控制环境、控制活动、控制结构、控制设计、控制执行

　　C.风险评估过程、信息系统与沟通、对控制的监督、控制环境、控制结构

　　D.风险评估过程、对控制的监督、信息系统与沟通、控制活动、控制环境

　　30.了解被审计单位及其环境是注册会计师评估被审计单位重大错报风险的依据。以下与此相关的各种说法中，正确的是（　　）。

　　A.风险导向审计与制度基础审计的区别在于是否了解被审计单位的内部控制

　　B.注册会计师可以通过询问被审计单位管理层及其他内部相关人员来了解被审计单位及其环境

　　C.注册会计师在了解被审计单位及其环境时必须实施分析程序

　　D.注册会计师需要在了解被审计单位及其环境的每个方面时均实施分析程序

　　31.当被审计单位的重大错报风险较高时，为了确定进一步审计程序的时间，注册会计师最好（　　）。

　　A.在期初或者期末实施实质性程序

　　B.在期末或接近期末实施控制测试

　　C.采用不通知的方式实施控制测试

　　D.在管理层不能预见的时间实施实质性程序

　　32.注册会计师针对评估的财务报表层次的重大错报风险，应采取的措施是（　　）。

　　A.确定总体应对措施　　　　　　　　B.实施控制测试

　　C.实施细节测试　　　　　　　　　　D.进行实质性分析程序

　　33.在审计中，控制测试的性质是指（　　）。

　　A.控制测试所使用的审计程序的类型及其组合

　　B.控制测试所获取的证据

　　C.控制测试所选择的范围

　　D.控制测试所选择的时间

　　34.为了证实已发生的销售业务是否均已登记入账，有效的做法是（　　）。

　　A.只审查销售日记账　　　　　　　B.由日记账追查至有关原始凭证

C.只审查有关原始凭证　　　　　　　　D.由有关原始凭证追查至销售日记账

35.在企业内部控制制度比较健全的情况下，下列可以证明有关采购交易的发生认定的凭据中，同时也是采购交易轨迹的起点的是（　　　）。

A.订购单　　　　　　B.请购单　　　　　　C.验收单　　　　　　D.付款凭单

36.如果注册会计师了解到被审计单位会计人员经常发生变动，针对这种情况，以下说法中错误的是（　　　）。

A.可能导致在各个会计期间将费用分配至产品成本的方法出现不一致

B.可能引发存货交易和余额的重大错报风险

C.可能导致存货项目的可变现净值难以确定

D.增加了错误的风险

37.对企业库存现金进行监盘时，参加人员必须有（　　　）。

A.出纳或会计部门负责人

B.出纳、会计部门负责人与审计人员同时在场

C.会计部门负责人或审计人员

D.出纳与审计人员同时在场

38.清丰公司一个银行账户的银行对账单余额与银行存款日记账余额不符，注册会计师应当执行的最有效的审计程序是（　　　）。

A.重新测试相关的内部控制

B.审查银行对账单中记录的该账户资产负债表日前后的收付情况

C.审查银行存款日记账中记录的该账户资产负债表日前后的收付情况

D.审查该账户的银行存款余额调节表

39.注册会计师冯海霞在对清丰公司2019年度财务报表进行审计时，应出具带强调事项段的无保留意见审计报告的是（　　　）。

A.资产负债表日的一项未决诉讼，律师认为胜负难料，一旦败诉对企业将产生重大影响，被审计单位拒绝在财务报表附注中进行披露

B.资产负债表日的一项未决诉讼，律师认为胜负难料，一旦败诉对企业将产生重大影响，被审计单位已在财务报表附注中进行披露

C.2019年10月转入不需用设备一台，未计提折旧金额为2万元（假定重要性水平为10万元），清丰公司未调整

D.清丰公司对于一项以公允价值计量的投资性房地产计提了500万元的折旧（假定重要性水平为10万元，不考虑其他因素）

40.在下列情况中，会导致注册会计师发表否定意见的是（　　　）。

A.在获取充分、适当的审计证据后，注册会计师认为错报单独或汇总起来对财务报表影响重大，但不具有广泛性

B.注册会计师无法获取充分、适当的审计证据以作为形成审计意见的基础，但认为未发现的错报对财务报表可能产生的影响重大，但不具有广泛性

C.在获取充分、适当的审计证据后，如果认为错报单独或汇总起来对财务报表的影响重大且具有广泛性

D.如果无法获取充分、适当的审计证据以作为形成审计意见的基础，但认为未发现的错报对财务报表可能产生的影响重大且具有广泛性

二、多项选择题（每小题1分，共30小题，30分）

1.注册会计师在进行财务报表审计时，要对财务报表是否按照（　　　）编制发表审计意见。

 A.企业财务通则   B.企业会计准则

 C.相关会计制度   D.金融企业财务规则

2.在判断会计师事务所因违反法律、法规、执业准则和规则以及诚信公允原则而出具的报告是否为不实报告时，主要看审计业务报告是否存在（　　　）。

 A.虚假记载   B.误导性陈述

 C.重大遗漏   D.小的计算错误

3.下列各项中，能表明注册会计师存在过失的有（　　　）。

 A.制订的审计计划存在明显的疏漏 B.审计收费的金额明显高于往年

 C.错误判断和评价获取的审计证据 D.审计报告的日期明显晚于往年

4.下列各项中，符合注册会计师职业道德基本原则的有（　　　）。

 A.保守审计过程中知悉的被审计单位的商业秘密

 B.保持独立性

 C.以职业身份代行被审计单位管理层职责

 D.参加教育和培训，保持专业胜任能力

5.下列有关审计独立性的表述中，正确的有（　　　）。

 A.独立性是审计区别于其他管理活动的本质特征

 B.经济来源的独立是审计保持独立性的物质基础

 C.组织机构的独立是审计独立性的保障

 D.注册会计师要保持形式上和实质上的独立

6.注册会计师是指（　　　）。

 A.项目合伙人   B.项目组其他成员

 C.会计师事务所   D.高级合伙人

7.关于审计程序的作用，下列说法恰当的有（　　　）。

 A.检查有形资产可提供资产的权利和义务的全部审计证据

 B.观察提供的审计证据仅限于观察发生的时点

 C.注册会计师应当通过获取其他证据予以佐证询问的答复

 D.分析程序仅适用于财务信息

8.下列关于分析程序目的的说法中，恰当的有（　　　）。

 A.风险评估程序阶段，分析程序能够用来了解被审计单位及其环境，识别财务报表重大错报风险

 B.如果实施实质性分析程序比细节测试能更有效地将认定层次的检查风险降低至可接受的水平，则可采用实质性分析程序

C.在控制测试时，分析程序可以获取审计证据以评价控制运行是否有效

D.在审计结束时，分析程序能够对财务报表进行总体复核

9.注册会计师编制审计工作底稿的主要目的有（   ）。

A.提供条件，便于相关机构按规定检查执业质量

B.提供充分、适当的记录，作为出具审计报告的基础

C.提供证据，证明注册会计师已按规定计划和执行了审计工作

D.记录对未来审计工作持续产生重大影响的事项

10.在审计工作归档之后，项目合伙人需要变动审计工作底稿的情形有（   ）。

A.项目组成员未能将审计报告日前获取的银行询证函的回函附在工作底稿之后

B.在审计报告日后获知法院已在审计报告日前对被审计单位的诉讼做出最终判决

C.项目组成员在审计报告日后观察业务活动并形成了详细的观察记录

D.在财务报表报出后获知法院已在报出当日对被审计单位的索赔做出最终判决

11.执行2018年度审计业务时，注册会计师冯海霞因清丰公司不提供客户资料导致应收账款审计范围受到重大限制而发表了保留意见。执行2019年度审计业务时，获取的证据表明2018年末所有应收账款均已收回。编制2019年度财务报表的审计报告时，冯海霞不应（   ）。

A.在意见段中指明应收账款期初余额可能存在错报

B.不在审计报告中提及之前发表的保留意见

C.应收账款的对应数据审计范围受到限制而发表保留意见

D.在强调事项段中说明对应数据审计范围已不受限

12.天诚正信会计师事务所拟承接清丰公司2019年度财务报表审计业务，在此之前，天诚正信会计师事务所曾接受清丰公司委托为其设计内部控制，则天诚正信会计师事务所如果想承接该审计业务，则应当采取的防范措施包括（   ）。

A.与设计内部控制的员工解除工作关系

B.由其他的注册会计师复核审计和设计内部控制服务的工作

C.由其他的会计师事务所评价设计内部控制的结果

D.由其他会计计师事务所重新为清丰公司设计内部控制

13.如果在财务报表涵盖的期间或之后，在审计项目组开始执行审计业务之前，会计师事务所向审计客户提供了相关服务，并且该相关服务在审计期间不允许提供，会计师事务所可采取的防范措施包括（   ）。

A.不允许提供相关服务的人员担任审计项目组成员

B.必要时由其他的注册会计师复核相关审计和非鉴证工作

C.由其他会计师事务所评价相关服务的结果

D.由其他会计师事务所重新执行非鉴证业务，并且所执行工作的范围能够使其承担责任

14.注册会计师在审计业务开始时，应当开展的初步业务活动包括（   ）。

A.针对保持客户关系和具体审计业务实施相应的质量控制程序

B.评价遵守相关职业道德要求的情况

C.就审计业务约定条款达成一致意见

D.与被审计单位商量审计收费

15.项目组应当讨论的主要领域有（　　）。

A.分享了解的信息　　　　　　　　　B.分享审计思路和方法

C.指明方向　　　　　　　　　　　　D.提供资料

16.总体审计策略的制定应当包括考虑影响审计业务的重要因素，以确定项目组工作方向，这些因素包括（　　）。

A.确定适当的重要性水平

B.重大错报风险较高的审计领域

C.项目组人员的选择和工作分工

D.影响被审计单位经营的重大发展变化

17.下列关于重要性、审计风险和审计证据之间关系的表述中，正确的有（　　）。

A.审计证据和可接受的审计风险之间呈反向关系

B.重要性与可接受的审计风险之间呈正向关系

C.重要性和审计证据之间呈反向关系

D.重要性不影响审计证据的数量，即两者没有关系

18.下列有关审计风险基本特征的表述中，正确的有（　　）。

A.审计风险是客观存在的　　　　　　B.审计风险是可以控制的

C.审计风险是可以消除的　　　　　　D.审计风险具有潜在性

19.下列各项中，因自身利益产生非常严重的不利影响，导致注册会计师没有防范措施将风险降低至可接受的水平的有（　　）。

A.项目合伙人因继承，在审计客户中拥有直接经济利益

B.项目合伙人因投资，在审计客户中拥有重大经济利益

C.项目合伙人因投资，在审计客户中拥有直接经济利益

D.项目合伙人因投资，在审计客户中拥有重大间接经济利益

20.下列各项中，属于注册会计师需要确认的应收账款的准确性、计价和分摊认定的审计程序有（　　）。

A.应收账款确实为被审计单位拥有

B.计提和冲销的坏账准备金额是正确的

C.应收账款总账与明细账是一致的

D.应收账款均已记录

21.注册会计师应当合理选用重要性水平的判断基础，采用固定比率、变动比率等确定财务报表层次的重要性水平。常用的判断基础包括（　　）。

A.资产总额　　　　　B.净资产　　　　　C.营业收入　　　　　D.净利润

22.通常情况下，注册会计师需要对（　　）实施特定项目函证。

A.金额较小的项目

B.账龄较长的项目

C.可能存在争议以及产生重大舞弊或错误的交易

D.重大或异常的交易

23.在抽样风险中，导致注册会计师执行额外的审计程序，降低审计效率的风险有（   ）。

A.信赖不足风险　　　　　　　　　　B.信赖过度风险

C.误拒风险　　　　　　　　　　　　D.误受风险

24.下列通常应作为审计工作底稿保存的文件有（   ）。

A.重大事项概要　　　　　　　　　　B.有关重大事项的来往信件

C.财务报表草表　　　　　　　　　　D.对被审计单位文件记录的复印件

25.具体审计计划应当包括的内容有（   ）。

A.为了足够识别和评估财务报表重大错报风险，注册会计师计划实施的风险评估程序的性质、时间和范围

B.针对评估的认定层次的重大错报风险，注册会计师计划实施的进一步审计程序的性质、时间安排和范围

C.注册会计师拟实施的内部控制有效性测试的范围

D.注册会计师对审计业务需要实施的其他审计程序

26.下列属于了解内部控制的步骤的有（   ）。

A.评估内部控制的设计

B.记录相关的内部控制

C.识别需要降低哪些风险以预防财务报表发生重大错报

D.评估控制的执行，主要是实施穿行测试，以确信识别的内部控制实际上确实存在

27.注册会计师在设计进一步审计程序的总体方案时，包括（   ）。

A.实质性方案　　　　　　　　　　　B.不可预见性方案

C.综合性方案　　　　　　　　　　　D.细节测试方案

28.注册会计师对被审计单位已发生的销售业务是否均已登记入账进行审计时，常用的控制测试程序有（   ）。

A.检查发运凭证连续编号的完整性

B.检查赊销业务是否经适当的授权批准

C.检查销售发票连续编号的完整性

D.观察已经寄出的对账单的完整性

29.审查应付账款时，注册会计师往往要结合被审计单位的实际情况，选择适当的方法对应付账款进行实质性分析程序。一般来说，实质性分析程序的内容包括（   ）。

A.将本期各月应付账款余额进行比较，分析变动的趋势是否正常

B.计算应付账款对存货以及对流动负债的比率，并与以前期间对比分析

C.将本期期末应付账款余额与上期期末进行比较，分析波动的原因

D.根据存货、营业成本的增减变动幅度，判断应付账款增减变动的合理性

30.下列情况中，注册会计师应在审计报告的意见段之后增加强调事项段的有（   ）。

A.资产负债表日后被审计单位发生火灾，损失重大，已在财务报表中进行了适当

的披露

  B.可能无法偿还将要到期的重大债务，已有相应的措施且已在财务报表中进行了适当的披露

  C.可能无法偿还将要到期的重大债务，已有相应的措施，但未在财务报表中进行适当的披露

  D.涉及其他注册会计师的工作，但无法复核

三、判断题（每小题0.5分，共20小题，10分）

1.财务报表审计是注册会计师的法定业务，非注册会计师不得承办。 （ ）

2.我国现行法律规定，会计师事务所和注册会计师如果工作失误或犯有欺诈行为，应对委托人或依赖已审计财务报表的第三人承担法律责任。 （ ）

3.审计业务约定书是指注册会计师与被审计单位共同签署的，以此确认审计业务的委托与受托关系，明确委托目的、审计范围及双方责任等事项的书面合同。 （ ）

4.注册会计师确定的重要性水平越低，需要收集的审计证据越多。 （ ）

5.存货监盘程序是观察和检查程序的集合程序。 （ ）

6.银行存款账户余额为零，但只要存在本期发生额，注册会计师应进行函证。

 （ ）

7.购货交易正确截止是要求12月31日前购入的存货，无论其是否已验收入库，都必须纳入存货盘点的范围。 （ ）

8.存货正确截止的关键在于存货的收发业务应当在适当的期间入账。 （ ）

9.在抽查存货盘点结果时，注册会计师应当从存货实物中选取项目追查至存货盘点记录，以测试存货盘点记录的完整性。 （ ）

10.如果被审计单位的持续经营假设不再合理，而仍按照持续经营假设编制财务报表，注册会计师应发表否定意见的审计报告。 （ ）

11.在运用独立性概念框架时，注册会计师不能运用职业判断。 （ ）

12.注册会计师应当在业务期间和财务报表涵盖的期间独立于审计客户。 （ ）

13.注册会计师应当了解被审计单位的投资活动，对投资活动的了解有助于注册会计师评估被审计单位在融资方面的压力，并进一步考虑被审计单位在可预见未来的持续经营能力。 （ ）

14.在财务报表重大错报风险的评估过程中，注册会计师应当确定，识别的重大错报风险是与特定的某类交易、账户余额、列报的认定相关，还是与财务报表整体广泛相关，进而影响多项认定。如果是后者，则属于财务报表层次的重大错报风险。（ ）

15.注册会计师评估的财务报表层次重大错报风险以及采取的总体应对措施，对拟实施进一步审计程序的总体方案具有重大影响。拟实施进一步审计程序的总体方案包括控制测试方案和实质性方案。 （ ）

16.如果认为仅实施控制测试获取的审计证据无法将认定层次重大错报风险降至可接受的低水平，注册会计师应当实施相关的实质性程序以获取控制运行有效性的审计证据。 （ ）

17.如果认为评估的认定层次重大错报风险是特别风险，注册会计师应当专门针对该风险实施实质性程序。如果针对特别风险仅实施实质性程序，注册会计师应当使用细节测试，而不应使用实质性分析程序，以获取充分、适当的审计证据。   （   ）

18.注册会计师实施询问程序有助于识别异常的交易或事项，以及对财务报表和审计产生影响的金额、比率和趋势。   （   ）

19.注册会计师在审计被审计单位主营业务收入的发生认定时，应考虑具体的销售方式。如果企业采用委托外贸代理出口、实行代理方式，注册会计师应重要检查代办发运凭证是否真实。   （   ）

20.注册会计师对应收账款进行函证时，如果函证结果表明存在审计差异，则应进一步扩大函证范围。   （   ）

四、案例题（每小题8分，共5小题，40分）

1.资料：注册会计师李祥龙在清丰公司2019年度财务报表审计过程中，决定执行下列审计程序：

（1）从2020年年初应付账款明细账中选择大额业务，追查到原始凭证的日期，逐笔核实是否一致。

（2）选择两笔重要客户的赊销记录，按业务发生的环节顺序询问接受顾客订单、赊销审批、发货、开具销售发票、收款等环节的人员，并与资料记载情况核对。

（3）从验收部门保存的原材料验收凭证中检查第四季度的全部验收单，确认每张验收单均已付款或记录在应付账款明细账中。

（4）实地观察清丰公司对存货的盘点，并选择一定比例的存货进行抽点，以确定计量方法能否得到正确的计量结果。

要求：在下表中填列各程序的相应内容。

审计程序和审计目标

审计证据	审计程序	审计目标
（1）		
（2）		
（3）		
（4）		

2.资料：清丰公司系天诚正信会计师事务所的常年审计客户。2019年12月1日，天诚正信会计师事务所与清丰公司续签了2019年度财务报表审计业务约定书。天诚正信会计师事务所遇到下列与职业道德有关的事项：

（1）天诚正信会计师事务所委派注册会计师冯海霞担任清丰公司2019年度财务报表审计项目合伙人。冯海霞曾担任清丰公司2014年度至2017年度财务报表审计项目合伙人，且清丰公司在2018年年初成功上市，冯海霞作为审计项目合伙人继续审计了2018年度的财务报表。

（2）清丰公司是某大型晚会的赞助商，送给审计项目组10张贵宾票，并负责全程费用。

（3）2019年3月1日，天诚正信会计师事务所接受委托，为清丰公司编制企业所得税纳税申报表，该表经清丰公司财务总监签署后报出。

（4）审计项目组成员李祥龙的表弟拥有清丰公司100股股票。

要求：针对上述事项，逐项指出天诚正信会计师事务所及其人员是否违反中国注册会计师职业道德守则，并简要说明理由。

3.资料：审计人员对清丰公司2019年12月的财务报表进行审计，公司报表显示，2019年全年实现净利润800万元，资产总额4 000万元，审计人员在审查和阅读公司报表时发现：

（1）公司10月份虚报冒领工资1 820元，被出纳占为己有；

（2）11月15日，公司收到业务咨询费3 850元，列入小金库；

（3）资产负债表中的存货低估16万元，原因不明。

要求：根据上述问题做出重要性的初步判断，并简要说明理由，并说明审计人员在审计实施阶段和报告阶段应采取的对策。

4.资料：注册会计师冯海霞正在对清丰公司2019年度财务报表进行审计。清丰公司为一般纳税人，适用的增值税税率为13%。为了确定清丰公司的销售业务是否记录在恰当的会计期间，冯海霞决定对销售进行截止测试。截止测试的简化审计工作底稿见下表。

截止测试的简化审计工作底稿

销售发票号	销售收入 （万元）	计入销售明细账日期	发运日	发票日	销售成本 （万元）
7891	10	2019年12月30日	12月27日	2月27日	6
7892	15	2019年12月30日	1月2日	1月3日	9
7893	8	2019年12月31日	1月5日	1月6日	4.8
7894	20	2020年1月2日	12月31日	12月31日	12
7895	10	2020年1月3日	1月2日	1月3日	6
7896	5	2020年1月8日	1月7日	1月8日	3

要求：（1）请指出冯海霞所执行的截止测试的具体方法及其目的。

（2）请分析清丰公司是否存在提前入账的问题。如果有，请编制调整分录。

（3）请分析清丰公司是否存在延期入账的问题，并简要说明理由。

5.资料：注册会计师对清丰公司2019年度财务报表进行审计，2020年3月20日完成了外勤审计工作，3月30日清丰公司对外公布财务报表。

（1）清丰公司存在许多担保、抵押事项，由于管理层董事会2020年1月更换，前后任董事会均拒绝签发与清丰公司2019年度财务报表相关的管理层声明。

（2）2020年2月3日，经最高法院判决，清丰公司2019年3月涉及的侵权赔偿诉讼败诉，赔偿230万元，清丰公司于实际支付时记入2020年2月份的账上，注册会计师建议清丰公司调整2019年度财务报表遭到拒绝。清丰公司2019年度利润为78万元。

（3）2019年11月，清丰公司的某一仓库遭受到水灾，保险公司和清丰公司正在核定损失，但至2019年结账日仍难以估计损失。清丰公司拒绝在财务报表附注中披露该事项及其影响。

（4）审计中发现清丰公司多记收入200万元，清丰公司拒绝调整。清丰公司2019年度利润为78万元。

（5）审计中发现清丰公司少记资产13万元，占清丰公司资产总额比重甚小，清丰公司拒绝调整。

（6）清丰公司的存货占总资产的35%，因存货存放在全国各地，注册会计师没有实施监盘。

要求：如果单独考虑以上各个事项，注册会计师应当发表何种意见类型的审计报告？

参考答案

项目一　接受业务委托的前期准备

任务1　选择会计师事务所的组织形式和业务范围

题型	1	2	3	4	5	6	7	8	9	10
一、单项选择题	B	D	B	D	D	C	B	A	A	D
二、多项选择题	ACD	BCD	ABC	ABD	BCD	ABCD	AB	ABD	ABCD	ABCD
三、判断题	√	√	√	√	×	×	√	×	√	×

四、案例题

1.注册会计师与会计师是不同的，两者有以下区别：

（1）资格取得的区别。注册会计师与会计师资格都需要参加全国统考获得。但是，从报名条件上看，前者必须具备大专以上专业学历或取得会计师职称；后者则以学历和已从事会计工作年限等为条件。考试合格后，前者还必须从事两年以上的审计业务并符合其他必备条件，由两名执业注册会计师推荐，才能申请注册，取得执业资格；后者则直接取得任职资格。

（2）执业资格上的区别。注册会计师要依法取得执业资格还必须加入一个会计师事务所，之后才能执行法定的注册会计师业务，注册会计师是一种执业资格。会计师则是会计技术职称中的一个等级，任何单位都可以聘用，是一种任职资格。

（3）组织管理上的区别。注册会计师除必须在会计师事务所执业之外，还要参加注册会计师协会，并接受其业务上的指导和监督，同时还须接受一年一度的年检，合格后才能继续执业。会计师只要考试合格就取得任职资格，由任职单位管理。

（4）职能性质上的区别。注册会计师的职能是"鉴证和服务"，其以第三者的身份（社会性的，不受地区、行业及单位之间的限制）接受委托，实行有偿服务。会计师的职能是"核算和监督"，是任职单位管理工作的组成部分，不存在收费问题。

2.

（1）审计主体：天诚正信会计师事务所及其负责该项目的注册会计师。

（2）审计客体：凯特化工有限公司。

（3）审计依据：《企业会计准则》及其相关会计、审计法律法规。

（4）审计目标：①财务报表是否按照《企业会计准则》的规定编制；②财务报表是否在所有重大方面公允反映凯特化工有限公司的财务状况、经营成果和现金流量。

（5）审计内容：凯特化工有限公司的2019年12月31日的资产负债表，2019年度的利润表、股东权益变动表和现金流量表以及财务报表附注。

任务2　关注注册会计师的职业道德和审计责任

题型	1	2	3	4	5	6	7	8	9	10
一、单项选择题	B	C	B	A	D	B	C	D	C	A
二、多项选择题	ABC	ABCD	ABC	ABD	BCD	ABCD	ABD	ABC	BCD	ABCD
三、判断题	√	√	×	×	√	√	×	×	×	×

四、案例题

1.（1）违反。在收购计划公告前，注册会计师在社会交往中应当履行保密义务，警惕有意或无意泄密的可能性，在公开场合讨论客户的涉密信息违反保密原则。

（2）违反。审计项目组成员的主要近亲属在审计客户中担任高级管理人员，影响独立性。

2.（1）不符合。会计师事务所的做法有贬低同行、抬高自己之嫌，不符合良好职业行为原则。

（2）不符合。会计师事务所的员工兼任审计客户的董事，会对独立性原则产生影响。

（3）符合。审计项目组专家也应当遵循相关职业道德规范。事务所要求所聘专家书面承诺其工作符合注册会计师的职业道德基本原则。

（4）不符合。未经客户授权或法律法规允许，项目组成员向事务所以外的第三方披露其所获知的涉密信息，不符合保密原则。

任务3　明确注册会计师的审计目标与审计过程

题型	1	2	3	4	5	6	7	8	9	10
一、单项选择题	D	C	B	C	D	B	A	C	B	B
二、多项选择题	ABD	BD	BD	ABCD	ABD	ABCD	ABD	ABD	ABD	ABCD
三、判断题	×	√	√	×	×	√	√	×	√	×

四、案例题

1.具体审计目标最相关的认定和最恰当的审计程序见下表。

具体审计目标最相关的认定和最恰当的审计程序

相关认定	具体审计目标	审计程序
（4）	记录的应收账款的权利属于被审计单位	C
（1）	已存在的应收账款均已记录	E
（5）	已按账面价值与可回收金额孰低法调整期末的价值	A
（2）	记录的应收账款确实存在	C、D
（3）	应收账款计提的减值方法已在财务报告中恰当披露	B

2.应收账款的相关认定见下表。

应收账款的相关认定

应收账款的相关认定	审计目标	审计程序
存在	存在	(1) 向客户函证；(2) 从应收账款明细账账簿记录追查至记账凭证，检查销售合同、发票存根与发运凭证
完整性	完整性	(1) 选取发运凭证，追查至销售发票、记账凭证、应收账款明细账；(2) 选取销售发票，追查至发运凭证、记账凭证、应收账款明细账
准确性、计价和分摊	准确性、计价和分摊	(1) 检查期后已收回应收账款情况；(2) 分析应收账款账龄，确定坏账准备计提是否适当

任务4　掌握注册会计师的主要审计工具和手段

一、单项选择题	1	2	3	4	5	6	7	8	9	10
	A	B	C	B	D	A	B	C	B	B
	11	12	13	14	15	16	17	18	19	20
	D	B	D	B	A	B	D	D	B	C

二、多项选择题	1	2	3	4	5	6	7	8	9	10
	ABC	ABD	AD	ABCD	ABD	AB	ABCD	BD	ABC	ABCD
	11	12	13	14	15	16	17	18	19	20
	AC	AD	BCD	ABC	ABD	ABC	BC	ABD	ABCD	CD

三、判断题	1	2	3	4	5	6	7	8	9	10
	√	×	√	×	√	√	√	×	√	×
	11	12	13	14	15	16	17	18	19	20
	√	×	√	√	×	×	√	×	×	×

四、案例题

1.审阅基本生产成本明细账、抽查有关会计凭证、核对账证数额、盘点在产品实物数量、验证在产品投料率和完工率。

2.2019年12月31日在产品数量应为1 000千克（2 000+4 000−5 000），同账面2 100千克相比相差1 100千克，属多记在产品数量，从而多记在产品成本。

2019年12月31日产成品数量应为5 500千克（5 000+4 500−4 000），同账面4 800千克相比相差700千克，属少记产成品数量，从而少记产成品成本。

3.清丰公司相关情况的审计程序、审计目标和审计证据见下表。

清丰公司相关情况的审计程序、审计目标和审计证据

序号	审计程序	审计目标	审计证据类型
(1)	对期末现金进行重新盘点	存在	实物证据
(2)	对期末存货截止期进行测试	存在、完整性	书面证据
(3)	询问管理层，函证正航公司	存在、完整性、权利和义务	口头证据、书面证据
(4)	询问管理层，函证大海公司，审阅有关合同与信函	权利和义务、存在	口头证据、书面证据
(5)	对上年度的会计记录进行适当审阅，并与前任注册会计师沟通	列报	书面证据

4.（1）购货发票比销售发票副本可靠。因为购货发票来自被审计单位外部，销售发票是被审计单位自己填写的，所以购货发票比销售发票更可靠。

（2）审计助理盘点存货的记录比客户自编的存货盘点表可靠。这是因为注册会计师自行获得的证据，比由被审计单位提供的证据可靠。

（3）注册会计师收回的应收账款函证回函比询问被审计单位应收账款负责人的记录可靠。询证函的回函是注册会计师从独立于被审计单位的外部获得的，所以比直接从被审计单位人员得到的记录更可靠。

（4）银行对账单比银行存款余额调节表可靠。这是因为银行对账单是从被审计单位外部取得的，银行存款余额调节表是被审计单位自己编制的，所以前者更可靠。

5.（1）不恰当。应当记录对重要性做出的修改以及理由，因此应当保留原重要性和重新评估的重要性的修改痕迹。

（2）不恰当。对于需要系统化抽样的审计程序，注册会计师可能会通过记录样本的来源、抽样的起点及抽样间隔来识别已选取的样本。仅仅通过样本的来源，不足以识别已选取的样本。

（3）恰当。

（4）不恰当。在归整审计档案后，如果有必要修改或增加底稿，应记录修改或增加底稿的时间和人员，以及复核的时间和人员；记录修改或增加底稿的理由。

（5）不恰当。在完成归档后，不应在规定保管期限届满前删除或废弃任何审计工作底稿。

综合训练

（一）财务报表相关认定及选择的审计程序见下表。

财务报表相关认定及选择的审计程序

相关认定	审计目标	审计程序
发生	A.所记录的采购交易和事项已发生，且与被审计单位有关	F、L、K
完整性	B.所有应当记录的采购交易均已记录	H、I
准确性	C.与采购交易有关的金额及其他数据已恰当记录	F
分类	D.采购交易和事项已记录于恰当的账户	G
截止	E.采购交易已记录于正确的会计期间	J

（二）管理层认定、审计程序和审计证据的种类见下表。

管理层认定、审计程序和审计证据的种类

管理层认定	审计程序	审计证据的种类
存在或发生、权利和义务	向清丰公司函证	书面证据
存在或发生、完整性	对期末存货进行监盘	实物证据、口头证据
准确性、计价和分摊	重新计算当年的坏账准备	书面证据
完整性	查找未入账的应付账款	口头证据、书面证据

（三）审计项目的管理层认定和审计程序见下表。

审计项目的管理层认定和审计程序

管理层认定	（1）	（2）	（3）	（4）	（5）	（6）	（7）	（8）	（9）
审计程序	D	C	A	C	B	D	C	E	B

（四）（1）3821、2592、1642、4987、2383

（2）2179、1796、4095、0683、4790

（五）（1）抽样间隔=800÷160=5

（2）004、009、014、019、024、029、034、039、044、049

（六）应选择的应收账款对象是A、C、D、E四个公司。理由：A公司的应收账款属于金额大的应收账款，C公司的应收账款属于关联方的应收账款，D公司因产品质量问题发生了纠纷，E公司的账龄比较长。因此，对这四个公司的应收账款均需要采用积极式（肯定式）的函证方式进一步核实。

（七）审计方法和审计证据见下表。

审计方法和审计证据

审计方法	审计证据	审计方法	审计证据
检查记录或文件	书面证据	函证	书面证据
检查有形资产	实物证据	重新计算	书面证据
观察	环境证据、实物证据	重新执行	环境证据
询问	口头证据、环境证据	分析程序	书面证据、环境证据

（八）（1）内部证据；（2）外部证据；（3）外部证据；（4）内部证据；（5）外部证据；（6）内部证据（销售方内部处理顾客订货单的依据）。

（九）（1）没有对被审计单位的内部控制进行调查了解，直接进行实质性程序。

（2）没有对审计工作底稿进行复核（三级复核制度）。

（3）没有与被审计单位的管理层和治理层进行沟通，直接出具了审计报告。

（十）审计工作底稿和审计档案分类见下表。

审计工作底稿和审计档案分类

工作底稿名称	工作底稿类别	审计档案分类
被审计单位营业执照副本复印件	备查类	永久性档案
客户基本情况表	备查类	永久性档案
审计业务约定书	综合类	当期档案
应收账款函证结果汇总表	业务类	当期档案
应付职工薪酬审定表	业务类	当期档案
股东大会记录	备查类	当期档案
库存现金监盘表	业务类	当期档案
试算平衡表	综合类	当期档案
审计差异调整表	综合类	当期档案

案例分析

（一）

所谓受托经济责任关系是指受托者即财产的经营管理者接受财产所有者的委托，代其行使经营管理权，并通过法则、合同和组织原则等手段所形成的责权利相结合的责任关系。受托经济责任关系是审计产生的客观基础。当社会经济发展到一定程度，必然导致经济组织规模扩大、经济活动过程复杂、管理层次增多，使财产所有者无法亲自掌管全部经济活动，只好委托他人代为经营，这样就形成了财产所有权与经营管理权的分离及受托经济责任关系。

（二）

（1）审计人员没有尽职尽责，没有尽诚于职业道德基本原则。这个审计失败的案例其实采用了极简单的造假手段，而会计师事务所却出具无保留意见审计报告。不管出于什么环境和原因，注册会计师和事务所都是难逃责任的。利益相关者把信任交给了注册会计师，而注册会计师却不顾职业道德出具不合适的审计报告，这不仅是对利益相关者的不负责，也是对整个审计行业的前途不负责。

（2）社会环境的影响。①在法律方面的规定还不够严谨和细致。四大所在国外基本上有很严格的约束机制，但是在中国，审计失败所承担的审计责任还不够重。因为"锦州港"而使毕马威吃上官司，也仅仅是外国的中介机构在中国第一次承担审计责任而进行赔偿。如果法律的约束机制不健全的话，还会出现这样的事件。②整个大环境影响了注册会计师的职业判断。很多时候注册会计师无法轻易判断审计证据的真伪，如一些原始凭证，甚至验资报告、政府批文都可能不真实。这是对注册会计师的考验，也是对国人诚信的考验。

（三）

（1）究竟谁应对财务报表的真实性负责？如审计人员审定的财务报表与事实不符，审计人员应负哪些责任？对此，美国注册会计师协会下属的审计程序委员会，早在1936年就指出："对财务报表负责的主要应是企业管理层，而不是审计人员。"如果审计人员审定的财务报表与事实不符，则要分清事实不符的原因。当企业内部因共同合谋而使内部控制制度失效时，即使再高明的审计人员，在成本、时间的限制下，也是无法发现这些欺骗行为的。为此，当纽约州司法部长约翰·贝内特在举行听证会，以罗宾斯案件指责审计人员时，立即遭到审计人员的反驳。他们说："在司法部长所引证的大部分案子中……所涉及的审计问题，只是人的行为本身的失败，而不是一般所遵循的程序失败。"因此，"美国注册会计师协会仍然决定不修改1936年的声明，继续发展公认审计程序"。所以，罗宾斯药材公司案使审计人员再一次认识到审计是存在风险的。这个风险如是企业内部人为造成的，则审计人员不应对此负责。其次，审计人员还进一步认识到，建立科学、严格的公认审计程序，使审计工作规范化，能够有效地保护尽责的审计人员，使其免受不必要的法律指责。

（2）对现行审计程序进行了全面检讨。罗宾斯药材公司案件也暴露了当时审计程序的不足：只重视账册凭证而轻视实物的审核；只重视企业内部的证据而忽视了外部审计证据的取得。在罗宾斯药材公司破产案件听证会上，12位专家提供的证词中列举了这两个不足。该案例直接导致证券交易委员会颁布了新的审计程序规则，在新规则中，证券交易委员会要求：今后审计人员在审核应收账款时，如应收账款在流动资产中占有较大比例，除了在企业内部要核对有关证据外，还需进一步发函询证，以从外部取得可靠合理的证据；在评价存货时，除了验看有关账单外，还要进行实物盘查；除此之外，审计人员还要对企业的内部控制制度进行评价，并对公共利益人员负责。与此同时，美国的注册会计师协会所属的审计程序特别委员会于1939年5月颁布了《审计程序的扩大》，对审计程序做了上述几个方面的修改，使它成为公认的审计准则。

（四）

注册会计师获取证据时，可以考虑成本效益原则，但对于重要审计项目，不应将审计成本的高低或获取审计证据的难易程度作为减少必要审计程序的理由。

（五）

与管理层认定对应的审计目标、审计程序及会计科目见下表。

与管理层认定对应的审计目标、审计程序及会计科目

管理层认定	具体审计目标	与具体审计目标对应的审计程序及会计科目
存在或发生	存在或发生	F－存货、J－存货
完整性	完整性	K－主营业务收入、M－原材料
权利和义务	权利和义务	D－存货
准确性、计价和分摊	计价	E－存货、H－存货
	截止	G－存货、I－存货、B－长期待摊费用
	准确性	C－销售成本
分类	分类	A－材料
列报	列报	L－应付职工薪酬

（六）

（1）购货发票比收料单可靠。因为购货发票来自于公司以外的机构或人员，而收料单是公司自行编制的。

（2）销售发票副本比产品出库单可靠。因为销售发票是在外部流转的，并获得公司以外的机构或个人的承认，而产品出库单只在公司内部流转。

（3）领料单比材料成本计算表可靠。因为领料单预先被连续编号，并且经过公司不同部门人员的审核，而材料成本表只在公司的会计部门内部流转。

（4）工资发放单比工资计算单可靠。因为工资发放单需经会计部门以外的工资领取人签字确认，而工资计算单只在会计部门内部流转。

（5）存货监盘记录比存货盘点表可靠。因为存货监盘记录是注册会计师自行编制的，而存货盘点表是公司提供的。

（6）银行询证函的回函比银行对账单可靠。因为银行询证函的回函是注册会计师直接获取的，未经公司有关职员之手，而银行对账单经过公司有关职员之手，存在被伪造、涂改的可能性。

（七）

（1）审阅法。（顺查）审阅原始凭证增值税专用发票：外观形式合法，经济业务的内容合法，计算正确，大小写金额一致；手续齐全；审阅记账凭证：内容、手续齐全，账户对应关系与经济业务的内容一致，符合会计制度的要求，计算正确。

（2）核对法。①原始凭证反映的销售产品及包装箱与记账凭证不符，按照会计制度的要求，产品销售收入应记入"主营业务收入"科目，包装物的销售应记入"其他业务收入"科目；②发票日期、产品出库凭证及进账单日期均为2019年12月30日，而记账凭证的入账日期却为2020年1月2日，已实现的收入被推迟入账。

（3）询问法。询问会计主管，上述做法是否符合企业会计准则的要求、主观意图是什么等。

（4）审计调整建议。审计人员根据审查结果，建议调整分录为：

①借：银行存款　　　　　　　　　　　　　　　　　　　12 204
　　贷：主营业务收入　　　　　　　　　　　　　　　　　　　10 000
　　　　其他业务收入　　　　　　　　　　　　　　　　　　　　800
　　　　应交税费——应交增值税（销项税额）　　　　　　　　1 404

②对税金及附加的影响，建议调整分录为：

借：税金及附加　　　　　　　　　　　　　　　　　　　140.40
　　贷：应交税费——应交城市维护建设税　　　　　　　　　　98.28
　　　　其他应付款　　　　　　　　　　　　　　　　　　　　42.12

项目二　接受业务委托

任务1　拟接受业务委托

题型	1	2	3	4	5	6	7	8	9	10
一、单项选择题	B	C	A	C	B	A	B	A	D	A
二、多项选择题	ABC	ACD	AC	AB	BCD	ABD	ABCD	ACD	AC	ABCD
三、判断题	√	×	√	×	×	√	√	√	×	√

四、案例题

（1）不能承接。其他合伙人代清丰公司提供的内部控制评价属于代行管理层职责，没有任何措施可以降低和消除不利影响。

（2）能承接。天诚正信会计师事务所其他合伙人为清丰公司提供的优化内部控制系统从2020年5月1日起上线运行，对注册会计师审计清丰公司2019年度财务报表不存在因自我评价对独立性构成的任何影响。

任务2　初步业务活动

题型	1	2	3	4	5
一、单项选择题	B	B	D	D	C
二、多项选择题	BCD	ABC	ABC	ABCD	ACD
三、判断题	×	√	√	×	√

四、案例题

（1）在承接清丰公司业务委托前，注册会计师应当初步了解和评估以下因素，以决定是否承接业务，并初步了解和评价风险，具体见下表。

审计项目初步了解和评估因素

项目	因素
注册会计师的可控因素	独立性：事务所是否独立于客户，能否提供无偏的审计结论
	胜任能力：事务所的员工是否能够获取必要的专业知识，是否具备必要的专业技能，是否可以按照执业准则及时完成审计任务
注册会计师必须评估的因素	诚信：公司管理层的诚信是否足以让事务所有理由相信管理层不会有意进行重大欺诈或做出违法行为
	声誉和形象：公司的声誉是否良好，事务所接受其作为客户是否会给事务所带来损失或麻烦
	会计实务：公司是否积极遵守会计准则，其财务报表是否能全面、公允地反映公司的财务状况和经营业绩
	财务状况：公司是否存在极糟的业绩或其他负面因素导致其近期内面临停业的风险
	盈利情况：接受并完成这项审计业务约定是否能给事务所带来合理的利润

（2）在承接客户业务委托时，注册会计师应当关注的履约风险及其原因是：

①被起诉。如果事务所因为客户破产、存在舞弊或违法行为而被起诉，那么即使它打赢了这场官司也极有可能遭受损失。因为在很多情况下，事务所虽然胜诉了，但它因诉讼而花费的成本会比承接该审计业务所取得的收入要多。

②职业名誉的损失。如果事务所与一家声名狼藉的客户合作，那它很可能会失去一些潜在的声誉较好的客户，因为这些客户通常会认为与名声败坏的公司有联系的事务所很可能有不诚信的嫌疑。

③缺乏盈利性。在审计任务完成时，事务所可能会发现它所获得的收入尚不足以弥补其成本，而客户也不愿意再多掏钱。事实上，除非存在一个很好的继续业务合作的理由，否则事务所不会承接不盈利的业务。

（3）①经营风险。清丰公司2019年的经营情况出现了问题，正常经营下滑，依靠投资收益才能有些利润，但投资收益的取得风险很大。

②事务所更换风险。清丰公司经营每况愈下，且自2016年以来，已经两次更换了会计师事务所。

任务3　签订审计业务约定书

题型	1	2	3	4	5
一、单项选择题	B	B	D	D	C
二、多项选择题	ABCD	ABD	ABCD	ABCD	ABC
三、判断题	√	×	√	×	√

四、案例题

（1）①遗漏了清丰股份有限公司的会计责任；②遗漏了天诚正信会计师事务所的义务；③遗漏了审计报告的使用责任；④没有违约责任；⑤没有签约时间。

（2）

审计业务约定书

甲方：清丰股份有限公司

乙方：天诚正信会计师事务所

甲方委托乙方进行2019年度财务报表审计，经双方协商，达成以下约定：

一、审计范围及委托目的

乙方接受甲方委托，对甲方2019年12月31日的资产负债表以及该年度的利润表和现金流量表进行审计。

乙方将根据中国注册会计师独立审计准则，对甲方内部控制制度进行研究和评价，对会计记录进行必要的抽查，并在乙方认为需要时实施其他必要的审计程序，在此基础上，对上述财务报表的合法性、公允性发表审计意见。

二、甲方的责任与义务

甲方的责任包括：（1）建立、健全内部控制制度；（2）保护资产的安全完整；（3）保证会计资料的真实、合法、完整。

甲方的义务包括：（1）为乙方审计工作及时提供所需的全部会计资料和其他有关资料；（2）为乙方委派的审计人员提供必要的条件及合作，具体事项将在乙方所派人员于审计工作开始之前提供的清单中列明；（3）按本约定书的规定，向乙方及时足额地支付审计费用。

三、乙方的责任与义务

乙方的责任是：按照独立审计准则的要求进行审计、出具审计报告，保证审计报告的真实性、合法性。

乙方的义务是：（1）按照约定时间完成审计业务、出具审计报告；（2）对执业过程中知悉的甲方商业秘密保密；（3）必要时，出具管理建议书。

四、出具审计报告的时间要求

乙方应于2020年××月××日之前向甲方提交本项目的审计报告。

五、审计报告的使用责任

乙方提交给甲方的审计报告由甲方分发并使用。使用不当造成的后果与乙方及其所委派的审计人员无关。

六、审计收费

按《×××收费》的规定，乙方应收本项业务的费用，按乙方实际参加本项审计业务的工作人员级别以及所花费工作时间确定，预计收取人民币×××万元，甲方应在本约定书签订后预付上述费用的××%，其余部分在乙方提交审计报告时一并付清。

如在审计过程中遇到重大问题，致使乙方实际花费的审计工作时间有较大幅度的增加，甲方应在了解实际情况后，酌情增加审计费用。

七、约定书的有效时间

本审计业务约定书一式两份，甲乙各执一份。

本约定书自2020年1月10日起生效，并在全部约定事项完成之前有效。

八、约定事项的变更

由于出现不可预见的情况，影响审计工作如期完成，或需提前出具审计报告，甲乙双方可要求变更约定事项，但应及时通知对方，由双方协商解决。

九、违约责任（略）

十、甲乙双方对其他事项的约定（略）

甲方：清丰股份有限公司（签章）　　　乙方：天诚正信会计师事务所（签章）

代表：（签章）　　　　　　　　　　　代表：（签章）

2020年×月×日　　　　　　　　　　　2020年×月×日

任务4　成立审计项目组

题型	1	2	3	4	5
一、单项选择题	B	C	A	B	D
二、多项选择题	ABCD	ABCD	ABCD	ABD	AB
三、判断题	×	√	×	√	√

四、案例题

李祥龙所说的"与我无关"是错误的。因为"注册会计师可以根据需要配备相应的业务助理人员和聘请专家协助工作，但应对其工作结果负责。"李祥龙应当对文凯浩在上述项目审计过程中所收集的任何一项审计证据和审计记录负责。

综合训练

（一）

（1）对独立性产生不利影响。当其他合伙人与执行审计业务的项目合伙人同处一个分部时，如果其他合伙人或其主要近亲属在审计客户中拥有直接经济利益或重大间接经济利益，将因自身利益产生非常严重的不利影响，所以项目合伙人周国强的女儿持有清丰公司债券会对独立性产生不利影响。

（2）对独立性产生不利影响。天诚正信会计师事务所在华维股份有限公司中拥有经济利益，而清丰公司也在该公司中拥有经济利益，这种商业关系会对独立性产生不利影响。

（3）对独立性产生不利影响。审计项目组成员王晓慧在被审计单位财务报表涵盖的期间担任成本会计，该职位会对财务报表产生重大影响，会计师事务所不得将此类人员分派到审计项目组。

（4）对独立性产生不利影响。会计师事务所的员工兼任审计客户的董事或高级管理人员，将因自我评价和自身利益产生非常严重的不利影响，导致没有防范措施能够将其降低至可接受的水平。

（二）

（1）可能对独立性产生不利影响。赵英丽的主要近亲属在审计客户拥有直接经济利益，没有防范措施能将对独立性的影响降低至可接受的水平，应当将赵英丽调离项目组。

（2）可能对独立性产生不利影响。如果杨军森在清丰公司任职期间批准的赊销业务尚未全部收回货款，将因自我评价影响其独立性。

（3）可能对独立性产生不利影响。王慧云加入审计项目组，可能因自我评价或外在压力对其独立性产生不利影响。

（4）可能对独立性产生不利影响。清丰公司为上市公司，事务所不得从候选人中挑选适合相应职位的人员，并应对可能录用的候选人的证明文件进行核查。

（三）

（1）对独立性构成不利影响。审计项目组成员与其在财务部从事会计核算工作的哥哥属于其他近亲属，并且其所处职位能够对鉴证对象产生重大影响。

（2）对独立性构成不利影响。审计项目组成员冯海霞的主要近亲属从事的工作对年报审计对象的财务报表有直接重大影响。

（3）对独立性构成不利影响。审计项目组成员徐逸风在财务报表涵盖期间担任审计客户的高级管理人员，将产生自我评价导致的不利影响。

（4）对独立性构成不利影响。如果审计客户长期未支付应付的审计费用，尤其是大部分费用在出具下一年度审计报告之前仍未支付，可能产生自身利益导致的不利影响。

（5）不对独立性构成不利影响。向客户提供政策选用和会计处理建议的调整，协助客户解决相关账户的调整问题，均属于审计业务应提供的常规工作。

（四）

（1）对独立性不构成威胁。项目组负责人按照市场价格购买房屋，且款项已经全部支付，与清丰公司之间不存在经济利益关系，对独立性不产生威胁。

（2）对独立性构成威胁。项目组负责人的直系亲属的直接经济利益视同注册会计师本人的直接经济利益，对独立性产生威胁。

（3）对独立性构成威胁。会计师事务所的员工同时担任审计客户的独立董事，所产生的对自我评价、经济利益的威胁非常重大，以致没有防范措施能够将其降至可接受的水平，所以即使将其调离项目组，对独立性的威胁也非常重大。

（4）对独立性构成威胁。如果会计师事务所的合伙人及其直系亲属从审计客户获得直接经济利益或重大间接经济利益（例如，通过继承、馈赠或合并产生的），产生对独立性的威胁。

（5）对独立性不构成威胁。项目组成员赵兴杰的堂兄不属于其直系亲属，且堂兄的工作与财务报表的编制没有直接的关系，所以对项目组成员赵兴杰不构成独立性的威胁。

（五）

（1）对独立性产生威胁。项目组负责人冯海霞与审计客户的高级管理人员副总经理陈晓惠长期交往，产生密切关系对独立性的威胁。

（2）对独立性产生威胁。项目组成员张书秀与审计客户的基建处处长曲冠青关系密切，而且因为曲冠青是基建处处长，所以很可能会对财务报表中的在建工程等产生重大影响。同时项目组成员张书秀是按照清丰公司职工的付款标准付款的，并不是市场上的公允价格，所以构成对独立性的威胁。

（3）对独立性不产生威胁。项目组成员黄丽英与审计客户清丰公司的财务经理是校友关系，但不构成密切关系，所以不构成对独立性的影响。

（4）对独立性不产生威胁。项目组成员侯海棠的朋友拥有清丰公司的债券，并不能够视同是侯海棠拥有审计客户的经济利益，侯海棠与其并非密切的朋友，所以不构成对独立性的影响。

（5）对独立性不产生威胁。原会计师事务所行政部经理杨明慧进入审计客户担任办公室主任的职务。由于杨明慧在会计师事务所没有具体从事过对清丰公司的审计业务，同时在审计客户担任的职务对财务报表审计业务也没有影响，而且时间已经相隔3年，所以不构成对独立性的影响。

（6）对独立性产生威胁。项目组成员滕林涛的父亲在可以对审计客户清丰公司施加控制的清林公司拥有直接经济利益，并且清丰公司对清林公司很重要（由于清丰公司是清林公司的子公司），则将产生重大的自身利益威胁。

案例分析

（一）

（1）前期调查中需要解决的问题及目的。

在实务中，前期调查是为了使注册会计师在接受审计委托前，对被审计单位的所有者及其构成、组织结构、生产与业务流程、经营管理情况和所处的经营环境、所在行业的情况有一个初步的了解。对于每一个调查项目而言，还要根据具体的目的来确定调查工作的细致程度。在前期调查中，注册会计师主要解决的问题有：①了解被审计单位的背景情况、组织机构、投资情况和经营情况，以确定审计范围；②了解被审计单位的会计核算体系；③初步了解被审计单位的内部控制，并在此基础上评价固有风险和控制风险，以制定初步的审计策略；④对财务报表的主要项目执行分析程序；⑤对重要事项进行细致调查和相应的记录；⑥督促被审计单位提供完善的资料；⑦确定是否尚存在遗留问题。注册会计师在对以上问题调查的基础上，形成相应的审计工作底稿，由项目经理（项目负责人）汇总情况，编制前期调查备忘录。

一般而言，前期调查备忘录应包括以下内容：公司背景，主要业务循环的内部控制，会计制度和主要会计科目的核算方法，发现的主要问题及其对利润的影响程度，重点的审计领域及说明，审计风险的评估，主要问题的解决方案等。

前期调查的目的主要有两个：一是对被审计单位进行一般了解，评估约定项目的审计风险，以决定是否接受审计委托；二是对被审计单位的情况进行具体了解，调查其内部控制，评价被审计单位的控制风险，为编制审计计划做准备。在本案例中，前期调查的主要目的是决定是否接受审计委托，在时间允许的情况下，调查小组的工作负责人如果认为被审计单位财务报表的可审性较强的话，则应该尽可能地拓宽调查工作的涉及面，以便为下一步编制审计计划提供有用的依据。尽管是否接受委托最终要由会计师事务所的有关主任或副主任会计师来决定，但注册会计师在现场工作中的判断始终是不容忽视的。在本案例中，王秀娟除对重大问题进行汇报之外，还对企业的各个环节做了较多了解，以便于下一步编制审计计划，她认为该公司尽管存在较多问题，但依丰和瑞华会计师事务所的实力，仍具有较大的可审性。

（2）一般合伙人或主任会计师的责任。

在具体项目的审计中，一般合伙人或主任会计师不会担任审计项目的具体审计业务，但最终却要承担起全部的审计责任。如何使合伙人或主任会计师有能力控制审计风险，承担起审计责任呢？这关键体现在以下三个环节：一是合伙人或主任会计师要直接或间接地了解被审计单位的基本情况，并与项目经理（项目负责人）一起讨论和制订审计计划；二是解答审计工作中外勤审计人员的重大问题请示；三是签发审计报告前的复核。在本案例中，通过调查小组对被审计单位的了解，对重大问题形成书面记录，由项目组长汇总请示相关合伙人或主任会计师，最终确定是否接受审计委托。

（3）决定是否接受审计委托，制订审计计划，落实工作。

注册会计师在实施了前期调查后，根据前期调查的情况，最终决定是否接受审计委托。会计师事务所如果能够驾驭和控制此项目的审计风险，应根据前期调查的情况，制订审计计划，落实审计工作。

（二）

（略）

项目三　计划审计

任务1　执行初步分析程序和初步确定重要性水平

题型	1	2	3	4	5
一、单项选择题	C	A	B	A	C
二、多项选择题	AB	AC	ABCD	BC	ABCD
三、判断题	×	√	√	√	×

四、案例题

根据给定的判断基础及比率，按照重要性水平=判断基准×适用比率，计算过程见下表：

财务报表层次的重要性水平

项目	金额（万元）	百分比	重要性水平（万元）
资产总额	180 000	0.5%	900
净资产	88 000	1%	880
主营业务收入	240 000	0.5%	1 200
净利润	24 120	5%	12 06

同一时期，财务报表重要性水平取较低者，确认2019年度报表层次的重要性水平是880万元。

任务2　评估审计风险

题型	1	2	3	4	5
一、单项选择题	D	B	D	A	A
二、多项选择题	AB	ABC	BCD	BC	ABC
三、判断题	×	√	×	√	×

四、案例题

根据"可接受检查风险=可接受的审计风险÷重大错报风险"，四种情况下计算的可接受的检查风险见下表：

可接受的检查风险计算表

风险类型	情况 A	情况 B	情况 C	情况 D
可接受的审计风险（%）	1	2	3	4
重大错报风险（%）	60	50	80	70
可接受的检查风险（%）	1.67	4	3.75	5.71

在情况 A 下，可接受的检查风险最低，注册会计师需要获取最多的审计证据。因为可接受的检查风险与所需的审计证据呈反比。

任务 3　制定总体审计策略

题型	1	2	3	4	5
一、单项选择题	A	B	C	A	B
二、多项选择题	AB	CD	BC	ABCD	CD
三、判断题	√	√	√	×	√

四、案例题

注册会计师接受被审计单位委托进行审计，在制定总体审计策略时，不能仅从自身角度出发，只考虑认真审计成本、一般审计成本以及发现后的处罚成本，就以自身影响因素为制定总体审计策略的判断依据。更要从管理层的角度出发，考虑其造假的额外收益和被发现后的处罚成本，从而推断管理层可能采取的行为，权衡后再选择恰当的审计策略。

任务 4　编制具体审计计划

题型	1	2	3	4	5
一、单项选择题	D	C	D	A	B
二、多项选择题	ACD	ABCD	AB	ABCD	ABCD
三、判断题	√	√	√	×	√

四、案例题

（1）仅向本期存过款的银行发函是不当的。应当向清丰公司在本年存过款的所有银行发函，包括零余额账户和在本年内注销的账户。

（2）直接认定银行在回函工作中不会与企业合谋向注册会计师发出带有虚假陈述的回函以及认定无须考虑与此相关的舞弊导致的重大错报风险是不当的。注册会计师应当在考虑银行回函工作相关舞弊导致的财务报表重大错报风险的基础上，谨慎对待银行存款函证工作。

（3）注册会计师决定以天诚正信会计师事务所的名义向银行寄发询证函是不当的。应当以清丰公司的名义向银行寄发询证函。

综合训练

（一）

乙方案较为合理。因为库存现金账户属于重要的资产账户，其重要性水平应当从严制定；而应收账款和存货项目出现错报或漏报的可能性较大，为节约审计成本，其重要性水平可确定得高些；固定资产项目出现错报或漏报的可能性较小，可将其重要性水平确定得低些。因此，乙方案较为合理。

（二）

（1）在制订计划时，注册会计师应使用被认为对任何一张财务报表都重要的最小的错漏报总体水平。所以应选择14万元作为所有财务报表的计划重要性水平。

（2）因为初步估计的重要性水平为总资产的1%（14÷1 400×100%），按资产所占比重分配财务报表层次的重要性到各账户时，库存现金、应收账款、存货、固定资产、无形资产账户分配的重要性水平分别为0.2万元、2万元、6万元、5万元、0.8万元。

进行分配时，注册会计师必须考虑到特定账户发生错漏报的可能性和验证该账户可能需要花费的成本，而不仅是按资产所占比重将财务报表重要性水平分配到各账户。按资产所占比重分配财务报表重要性水平到各账户，其缺陷是没有考虑预期的错漏报金额或审计成本。因为重要性概念是指将影响财务报表使用者决策的错漏报金额，账户金额的重要性与证据是反向关系，注册会计师如果把财务报表重要性中的很大一部分分配给那些需花费较大成本才能查出错漏报的账户，所需收集的证据数量会减少；把财务报表重要性中的很小一部分分配给另一些需花费较少成本就能查出错漏报的账户，所需收集的证据数量就增加。从整体上看，这是很节省审计成本的。故按资产所占比重将财务报表重要性水平分配到各账户，没有考虑到特定账户发生错漏报的可能性和验证该账户可能需要花费的成本。从整体上看，也就不能节约审计成本和提高审计工作质量。

（三）

（1）可接受检查风险＝可接受审计风险÷评估的重大错报风险

应收账款项目的可接受检查风险＝5%÷80%×100%＝6.25%

存货项目的可接受检查风险＝5%÷20%×100%＝25%

固定资产项目的可接受检查风险＝5%÷5%×100%＝100%

（2）可接受检查风险与所需审计证据的数量是反向关系：可接受的检查风险水平越低，所需的审计证据越多；反之，可接受的检查风险水平越高，所需的审计证据数量越少。本期应增加针对应收账款项目的审计证据数量，减少针对存货项目的审计证据数量。

（3）不可以。无论评估的重大错报风险有多低，注册会计师都不能完全省略实质性程序。

（四）

情况（1）存在不当之处。重要性是评价错报是否重大的依据，注册会计师应当首先确定重要性，才能据以评估重大错报风险。

情况（2）存在不当之处。由于不同财务报表使用者对财务信息的需求可能差异很大，在确定重要性水平时，不应考虑错报对个别财务报表使用者的需求。

情况（3）存在不当之处。在确定重要性水平时，不需考虑与具体项目计量相关的固有不确定性。

情况（4）存在不当之处。重要性水平是根据财务报表使用者对财务信息的需求评估确定的，不能人为地加以改变。

（五）

上述附注内容中可能存在一个不合理之处：公司向B银行的第一营业部借入的长期借款11 650万元的借款期限为"2016.9—2019.8"，按照《股份有限公司会计制度》的规定，在编制财务报表时，应对其进行财务报表重分类调整，并入"一年内到期的非流动负债"项目。

案例分析

（略）

项目四　实施审计

任务1　审计测试流程——风险评估和风险应对

题型	1	2	3	4	5	6	7	8	9	10
一、单项选择题	C	C	C	C	C	A	D	A	B	B
	11	12	13	14	15	16	17	18	19	20
	B	A	C	B	C	A	C	A	A	B
二、多项选择题	1	2	3	4	5	6	7	8	9	10
	BCD	ABC	ACD	ABCD	ABD	AB	AD	BC	ABC	BD
三、判断题	1	2	3	4	5	6	7	8	9	10
	×	√	√	×	×	√	×	√	×	√

四、案例题

1.与财务报表项目相关的认定见下表。

与财务报表项目相关的认定

序号	是否可能表明存在重大错报风险	属于哪个层次	理由	财务报表项目名称及认定
（1）	是	认定层次	产品销量下降60%，而清丰公司营业收入不降反增	营业收入/发生；应收账款/存在
（2）	是	认定层次	销售收入刚好达到增长7%的目标，10—12月份收入异常增长，可能存在舞弊风险	营业收入/发生；应收账款/存在
（3）	是	认定层次	销售费用增长100%，远超预算，可能存在销售人员利用报销销售费用侵占公司资产的行为，销售费用失控	销售费用/发生
（4）	是	认定层次	该事项应作为或有事项在财务报表附注中披露，清丰公司可能存在未恰当披露的风险	不适用
（5）	是	财务报表层次	财务团队不稳定，报表存在错误的可能性较高	
（6）	是	认定层次	2018年财务费用发生额30万元，2019年财务费用发生额高达1 150万元，财务费用异常增长，可能将应当资本化的利息费用予以费用化	在建工程/完整性；财务费用/发生
（7）	是	认定层次	计入制造费用的折旧降低37.5%，在固定资产规模无变动、与固定资产折旧相关的会计政策和会计估计未发生变更的情况下不合理	存货/完整性；营业成本/完整性；固定资产/准确性、计价与分摊

2.（1）冯海霞可以实施下列审计程序：观察清丰公司的业务活动和内部控制的运行情况；选择若干具有代表性的交易和事项进行穿行测试。

（2）缺陷和改进建议如下：

摘录（1）中所述的进行控制测试的条件不充分，建议增加"信赖内部控制而减少的实质性程序的工作量大于控制测试的工作量"这一条件。

摘录（2）中对相关内部控制的测试期间没有涵盖被审计财务报表的整个年度，不能形成对清丰公司2019年度内部控制有效性的最终评价。建议对2019年12月的相关内部控制实施追加测试，并在此基础上形成对清丰公司2019年度内部控制有效性的最终评价。

任务2 销售与收款循环的审计

题型	1	2	3	4	5	6	7	8	9	10
一、单项选择题	A	C	D	C	C	C	B	B	B	A
二、多项选择题	AD	ACD	ABCD	AB	AD	BD	ABD	ABCD	ABC	AC
三、判断题	×	×	√	√	√	×	√	×	×	√

四、案例题

1.（1）检查银行存款日记账、收款凭证及银行对账单，查明是否收到该金额，以及如何进行会计处理等。

（2）检查销售合同及与销售退回相关的增值税发票、入库单，查明退回货物是否已验收入库等。

（3）检查代销合同和代销清单，查明是否存在编制虚假代销清单、虚增本期收入和应收账款的情况。

（4）检查分期销售合同、发运凭证、银行存款日记账、收款凭证及银行对账单，查明本期是否收到货款，是否存在提前确认收入和应收账款的情况。

（5）核对地址后再次函证，如果再次函证失败，实施其他替代审计程序。

2.主营业务收入审定表见下表。

主营业务收入审定表 金额单位：元

被审计单位：清丰公司	索引号：
审计项目：主营业务收入	财务报表截止日/期间：2019年
编制人：李祥龙	复核人：
编制日期：	复核日期：

项目名称	期末未审数	调整		重分类		期末审定数	上期末审定数	索引号
		借方	贷方	借方	贷方			
一、报表数	7 736 200	11 500				7 724 700	（略）	（略）
二、明细账数	7 736 200	11 500				7 724 700		
审计结论	调整后金额可以确认							

存在问题：

（1）材料销售收入应记入"其他业务收入"科目，调整分录：

借：主营业务收入　　　　　　　　　　　　　　　　　　　9 000

　　贷：其他业务收入　　　　　　　　　　　　　　　　　　　9 000

（2）随货出售单独计价的包装物取得的收入，应记入"其他业务收入"科目；包装物的成本应记入"其他业务成本"科目，调整分录：

借：主营业务收入　　　　　　　　　　　　　　　　　　　2 500

　　贷：其他业务收入　　　　　　　　　　　　　　　　　　　2 500

借：其他业务成本　　　　　　　　　　　　　　　　　　　1 800

　　贷：销售费用　　　　　　　　　　　　　　　　　　　　1 800

任务3　采购与付款循环的审计

题型	1	2	3	4	5	6	7	8	9	10
一、单项选择题	D	B	A	D	A	A	C	B	B	D
二、多项选择题	ABCD	ABC	ABC	BCD	ACD	AC	BD	ABCD	BCD	ABCD
三、判断题	×	×	×	√	√	×	√	×	√	×

四、案例题

1.（1）最需要函证的是大海公司和黄山公司的应付账款，理由是：应付账款审计的目标之一是寻找未入账的负债，所以，在选择函证对象时，更侧重于全年进货总额这一指标。

（2）最需要函证的是红旗公司和黄山公司的应收账款，理由是：审计应收账款时，审计人员关注的重点之一是应收账款多记的风险，所以，在选择函证对象时，更侧重于应收账款年末余额这一指标。

2.存在问题：

（1）固定资产原值少记65 000元（车牌照）。

（2）该固定资产计提折旧的时间提前了1个月（应自5月份起），多记折旧。

（3）故意缩短使用年限（应为5年），折旧率的计算未考虑残值，加大了折旧率。具体见下表。

固定资产折旧计算表

2019年

金额单位：元

固定资产项目	原值	使用年限	年折旧率	月折旧额	全年应提折旧总额
桑塔纳轿车	295 000.00	5	19.4%	4 769.00	38 152.00

审计结论：该固定资产本年多提折旧4 976元（43 128-38 152），虚减利润总额69 976元，调整分录：

借：固定资产   65 000

    累计折旧   4 976

    贷：管理费用   69 976

任务4　生产与存货循环的审计

题型	1	2	3	4	5	6	7	8	9	10
一、单项选择题	B	D	D	D	D	A	D	A	A	D
二、多项选择题	ABD	AC	ABCD	BC	ABC	AC	ABCD	ACD	ABCD	ACD
三、判断题	√	×	×	√	√	√	√	√	×	×

四、案例题

1.因为注册会计师对清丰公司2018年度财务报表出具了无保留意见审计报告，在分析2019年度数据时可以信赖该公司2018年度财务报表的数据。

（1）由于该公司的生产经营情况平稳，因此作为公司内在规律的存货周转率应当是稳定的。公司2018年度的存货周转率为3.94次。在2019年，如果存货周转率不变，则在已确认主营业务成本的前提下，推算的存货预期余额为31 892÷3.94≈8 094（万元），但公司列示的存货余额为7 993万元，比预期数额低了整整100多万元，因为这一差异高于存货项目的重要性水平，有必要将存货的低估问题列为重要问题。

（2）毛利率为行业规律及市场规律，也是稳定的。在2018年，公司的毛利率为

（1－31 967÷40 480）×100%≈21.03%。在毛利率不变的情况下，依据2019年主营业务成本推算的2019年主营业务收入额为31 892÷（1－21.03%）×100%≈40 385（万元），而公司的未审主营业务收入为39 977万元，比推算的预期数额低出408万元，且这一差异超过了财务报表层次的重要性水平。基于此，有理由怀疑清丰公司的主营业务收入有重大的低估情况。

2.借：管理费用　　　　　　　　　　　　　　　　　　　　　5 500 000
　　贷：存货　　　　　　　　　　　　　　　　　　　　　　　　5 500 000

调整后，本科目期末余额为零。

3.1月份材料成本差异率=（2 916 00+397 600）÷（5 832 000+6 628 100）×100%=5.53%

1月份发出材料应负担的材料成本差异额=8 337 000×5.53%=461 036.1（元）

1月份多分配材料成本差异=461 140－461 036.1=－103.9（元）

12月份材料成本差异率=（378 340+245 380）÷（4 216 470+7 386 500）×100%=5.38%

12月份发出材料应负担的材料成本差异额=6 942 370×5.38%=373 499.5（元）

12月份多分配材料成本差异=623 720－373 499.5=250 220.5（元）

审计调整：

借：存货　　　　　　　　　　　　　　　　　　　　　　　250 220.5
　　贷：主营业务成本　　　　　　　　　　　　　　　　　　　　250 220.5

任务5　货币资金循环的审计

题型	1	2	3	4	5	6	7	8	9	10
一、单项选择题	A	D	A	A	B	B	A	C	C	D
二、多项选择题	ABCD	ABC	ABCD	ABD	ABC	ABCD	AD	ABC	ABD	
三、判断题	√	×	×	√	×	√	×	×	√	√

四、案例题

1.清丰公司库存现金日记账的审查结果如下：

（1）该公司库存现金日记账按凭证编号顺序逐笔登记，每日结算出余额，库存余额均未超过银行核定的限额，符合有关规定。

（2）现金收付业务中存在的问题：

①超出规定的结算范围或限额收取现金，如1月16日、23日出售产品分别收取现金720元、746元。

②超出规定的结算范围或限额支取现金，如1月6日、17日、21日、22日分别购材料924.30元、支付运费479.00元、支付报刊费800元、支付印花税580元。

③存在坐支现象。1月16日销售产品取得收入未及时存入银行，用于1月17日支付材料运费。

2.库存现金监盘表见下表。

库存现金监盘表

客户：清丰公司		编制人：冯海霞	日期：2020年1月9日	索引号：
项目：库存现金		复核人：李祥龙	日期：2020年1月9日	页次：

财务报表截止日/期间　　2019/12/31

检查盘点记录					实有库存现金盘点记录						
项目	项次	人民币	美元	某外币	币种	人民币		美元		某外币	
					面额	张	金额	张	金额	张	金额
上一日账面库存余额	1	3 596.80			1 000元						
盘点日未记账传票收入金额	2	1 500.80			500元						
盘点日未记账传票支出金额	3	1 200			100元						
盘点日账面应有余额	4=1+2-3	3 897.60			50元						
盘点实有库存现金数额	5	3 497.60			10元						
盘点日应有与实有差额	6=4-5	400			5元						
差异原因分析	白条抵库（　张）	400			2元						
					1元						
					0.5元						
					0.2元						
					0.1元						
					分币						
	调整后库存现金余额	3 897.60			合计						
追溯调整	加：报表日至审计日库存现金付出总额	3 543.20									
	减：报表日至审计日库存现金收入总额	3 786.52									
	报表日库存现金应有余额	3 654.28									
	报表日库存现金账面余额	3 526.90									
	审计差异	127.38									

出纳员：	会计主管人员：	监盘人：冯海霞	检查日期：2020年1月9日

审计说明：

（1）该公司现金收支、余额存在不合理现象：一是白条抵库400元，违反现金管理制度；二是现金收支入账不及时。

（2）该公司盘点日库存现金短缺。库存现金账面余额应为3 897.60元，而现金实有数为3 497.60元，库存现金短缺400元，属于白条抵库。

（3）2019年12月31日库存现金账面余额应为3 526.90元，与2019年12月31日库存现金账面余额3 654.28元不符，长款127.38元。

3.银行存款余额调节表见下表。

银行存款余额调节表

编制人：冯海霞	日期：2020年3月5日	索引号：	
复核人：李祥龙	日期：2020年3月5日	页次：	
户别：清丰公司			币别：人民币

项　目

银行对账单余额（2020年1月31日）　125 970元

加：企业已收、银行尚未入账金额

　　其中：1.____23 400____元

　　　　　2._____元

减：企业已付、银行尚未入账金额

　　其中：1.____300____元

　　　　　2.__35 100__元

调节后银行对账单余额：113 970元

企业银行存款日记账金额（2020年1月31日）：115 040元

加：银行已收、企业尚未入账金额

　　其中：1.____1 930____元

　　　　　2._____元

减：银行已付、企业尚未入账金额

　　其中：1.____2 000____元

　　　　　2.____1 000____元

调节后企业银行存款日记账金额（2020年1月31日）：113 970元

经办会计人员：　　　　　　　　　　　　　　　　　　会计主管：

综合训练

（一）

　　三人分别为出纳会计、往来会计、总账报表会计，大致可分为：出纳会计负责（2）（3）；往来会计负责（4）（5）；总账报表会计负责（1）（8）（6）（7）。理由：根据不相容职务相分离原则，出纳不能负责（4）（5），也不能负责（7），将现金收支业务与记账业务分开，将记录总账与记录明细账的工作分开，可以做到职责分明，以便相互核对、相互监督，防止贪污舞弊及差错的发生。总账报表会计业务量不小，如在会计电算化条件下则工作量大为减轻，而（6）（7）的业务量较小，可以均衡总账报表会计的业务量。

（二）

（1）审计测算：

①2019年12月31日坏账准备应计提的金额为（按公式计算）：

（2 000 000+500 000）×1%=25 000（元）

②2019年12月31日坏账准备实际计提的金额为（做分录的金额）：

25 000+10 000（计提前的借方余额）=35 000（元）

③2019年12月31日转258号正确的会计分录应该是：

借：资产减值损失 35 000

　　贷：坏账准备 35 000

（2）审计评价：

①清丰公司2019年12月31日少记提坏账准备10 000元；

②对当年费用、利润的影响：虚减费用10 000元，虚增利润10 000元；

③建议调账处理。

（三）

审计人员应当对清丰公司的应收账款和应付账款实施函证，原因如下：

（1）实施应收账款的函证是应收账款审计非常重要的程序。通过函证能获取十分有说服力的外部证据，来证明应收账款的真实存在性及正确性等情况。尽管被审计单位的应收账款内部控制良好，控制风险较低，可接受的检查风险高，审计人员只能减少函证的数量，但不能省略函证程序。

（2）审计应付账款时，一般情况下不需要函证，但是如果被审计单位控制风险较高，某应付账款金额较大或被审计单位处于经济困难阶段，则应进行应付账款的函证。被审计单位应付账款的控制风险较高，因此也应实施函证程序。

（四）

（1）尽管委托人对迟收账单以转账方式入账，简化了注册会计师对未入账债务的抽查，也减少了进一步调整的可能性，但这不影响注册会计师抽查2020年付款记账凭证。注册会计师通过实施该项测试，可以查明有关2019年的验收单、卖方发票是否均已包括在转账分录内。这种抽查步骤与委托人自认为十分完整、正确的报表仍须接受审核的理由是相同的。

（2）如果注册会计师已查明内部审计人员具有专业胜任能力和合理的独立性，并且已经抽查了未入账的债务，在和内部审计人员讨论其程序的性质、时间、范围并审阅其工作底稿后，注册会计师可减少本身拟进行的未入账债务抽查工作，但只是减少，绝不能取消该抽查工作。

（3）客户提供的无漏记债务声明书不能作为正当审计程序，仅是提供给注册会计师额外的保证，作为一种内部证据，其证明力较弱，故无法减轻注册会计师应做抽查的责任。

（4）注册会计师审查未入账债务，还可以通过如下途径：①结合存货监盘，检查被审计单位在资产负债表日是否存在有材料入库凭证但未收到采购发票的经济业务；②获取被审计单位与其供应商之间的对账单，并将对账单和被审计单位财务记录之间的差异进行调节，检查有无未入账的应付账款，确定应付账款金额的准确性；③询问被审计单位有关会计和采购人员等。

（五）

借：应付账款 200 000

贷：库存商品	80 000
以前年度损益调整	120 000
借：以前年度损益调整	30 000
贷：应交税费——应交所得税	30 000
借：以前年度损益调整	90 000
贷：利润分配——未分配利润	90 000

提取盈余公积等略。

（六）

（1）该空调应作为固定资产核算，该企业将购买空调的支出计入管理费用，形成了账外资产，并影响了利润的正确性。

（2）注册会计师做出的审计调整分录为：

借：固定资产	30 000
贷：累计折旧（30 000×24％×6/12）	3 600
管理费用	26 400

（报表项目随之调整）

（3）建议被审计单位做出的会计调整分录为：

借：固定资产	30 000
贷：累计折旧（30 000×24％×6/12）	3 600
以前年度损益调整	26 400
借：以前年度损益调整	6 600
贷：应交税费——应交所得税	6 600
借：以前年度损益调整	19 800
贷：利润分配——未分配利润	19 800

（登记账簿，报表项目亦随之调整）

（七）

第（1）个事项，冯海霞的审计程序存在不当之处，因为已经说明"在客户收到货物、验收合格并签发收货通知后，清丰公司才取得收取货款的权利"，所以此时冯海霞在审计中仅仅检查了销售合同是不够的，还应该检查客户签发的收货通知单。

第（2）个事项，冯海霞的审计程序存在不当之处，对1月转字第10号记账凭证未实施进一步检查。该记账凭证的日期早于发票日期和出库单日期，要实施进一步检查。

第（3）个事项，冯海霞的审计程序存在不当之处，对11月转字第28号和12月转字第50号记账凭证未实施进一步检查，上述两笔记账凭证反映的销售额明显高于其他测试项目，表明有可能存在舞弊，不应仅依赖管理层的解释。

（八）

上述业务处理中不符合内部控制要求之处主要是：（1）与老供货商谈判签订供应合

同，既无经批准的价目表控制，也没有竞价采购控制，使采购商失去了控制。（2）验收单未连续编号，不能保证其完整性和不重复，因而不能保证有关账簿记录真实、完整。（3）由采购部编制和审批付款凭单，不符合不相容职务相分离原则，难以防止质次价高采购业务的发生。（4）付款凭单未附订货单和供应商发票，难以证明采购业务的真实、正确。（5）会计部未审核凭证是否真实、完整即登记入账，不利于保证账簿记录的真实、正确。

（九）

（1）存在不当之处。存货监盘的目标是获取存货数量和状况的审计证据，不仅仅是获取数量方面的审计证据。

（2）存在不当之处。冯海霞应确定收到的存货是否计入 2019 年 12 月 31 日的存货，如果需要，应当纳入存货监盘范围。

（3）存在不当之处。冯海霞应当根据清丰公司参加存货盘点人员分工、分组情况，存货监盘工作量的大小和人员素质情况，确定参加存货监盘的人员组成以及各组成人员的职责和具体的分工情况，并加强复核与监督。

（4）存在不当之处。对于所有权不属于清丰公司的代柜台承租商保管的存货，不应纳入盘点范围。

（5）存在不当之处。应进行必要的开箱检查。

（6）存在不当之处。应当取得所有已填用、作废及未使用盘点表单的号码记录。

（十）

（1）库存现金监盘表见下表。

库存现金监盘表

检查盘点记录		实有库存现金盘点记录		
项目	人民币	面额	人民币	人民币
上一日账面库存余额	121 679.24		张/枚	金额
盘点日未记账传票收入金额	4 372.31	100 元	1 120	112 000.00
盘点日未记账传票支出金额	4 126.14	50 元	80	4 000.00
盘点日账面应有金额	121 925.41	20 元	0	0
盘点实有库存现金数额	119 226.06	10 元	220	2 200.00
盘点日应有与实有差异	2 699.35	5 元	84	420.00
差异原因分析	白条抵库（　　张）	2 560.00	2 元	175	350.00
	短缺现金	139.35	1 元	220	220.00
			5 角	50	25.00
			2 角	20	4.00
			1 角	51	5.10
			5 分	32	1.60
			2 分	14	0.28
			1 分	8	0.08
			合计		119 226.06

出纳员：赵德宏　　　　　会计主管人员：葛家秋　　　　　监盘人：冯海霞等

（2）清丰公司现金管理中存在下列主要问题见下表：

问题及建议

序号	清丰公司在现金管理中存在的主要问题	注册会计师的建议
1	白条借据抵库：出纳员以借条抵充库存现金2 560元	白条抵库的现金2 560元，应做其他应收款入账处理，或限期归还或敦促报销
2	账款不符：盘点日止账面应存额为121 925.41元，而实际盘存库存现金仅为119 226.06元，其中除借据2 560元抵充库存外，尚短缺139.35元	出纳员短缺现金139.35元，应在进一步查明原因后进行处理
3	银行核定该公司库存现金限额为100 000元，而实际库存119 226.06元超过限额	今后应坚持按银行核定限额存放库存现金
4	出纳员工作拖拉，前一天的有关凭证未及时登记库存现金日记账	出纳员今后应坚持做到及时登账，日清日结
5	购买打印机的支出应采用转账的方式结算	应在规定的现金收支范围内办理现金收支
6	收到销售款的转账支票未及时送存银行，已超过支票有效期，该笔货款将被对方开户银行拒付	该公司应及时与购货单位联系，收回7 500元销售款

（十一）

（1）资料（1）通过对库存现金实施突击盘点获得；资料（2）和（3）可通过询问出纳（"是否有已收付现金但尚未入账的收付款凭证？"），并检查相关的收付款凭证来获得；资料（4）可通过查看库存现金日记账，并对2020年1月1日至2020年1月10日现金收付款凭证进行检查与汇总来获得。

（2）2019年12月31日库存现金实有额= 2020年1月10日库存现金实有额 +2020年1月1日至2020年1月10日现金支出总额– 2020年1月1日至2020年1月10日现金收入总额+未入账的现金支出总额–未入账的现金收入总额=1 997.58+4 120–4 560.16+520–390=1 947.42（元）。

2019年12月31日库存现金盘盈额=1 947.42–1 060.04=887.38（元）

（3）存在的主要问题及改进建议：①库存现金盘盈，应当及时查明原因，并进行相关的处理；②现金收支入账不及时，应当做到现金收支及时入账，并做到日清日结；③有白条抵库的情况，应当对出纳进行批评教育，并及时追回未经批准的借款。

案例分析

（一）

"中航油"内部控制设计和执行存在的严重不足，使其管理层或员工无法在正常行使职能的过程中，及时地发现和纠正错误或舞弊引起的财务报表重大错报。在内部控制的5个要素上，"中航油"都存在缺陷。

（1）控制环境。虽然中国航油集团曾向"中航油"董事会派驻了4名成员，包括陈久霖本人，但集团公司出于对陈久霖的信任，使他在实质上成为集团公司派驻"中航油"的全权代表和实际监管者。同时，在其任职期间，陈久霖曾两度调开集团公司派驻的财务经理，从当地另聘财务经理，只听命于他一个人。由此可见，不论是在决策、监管层还是在经理层，"中航油"都没有很好地形成实质上的权力制衡。

（2）风险评估。在风险控制机制中，陈久霖应处于一个中枢地位，对风险的控制和传导应起着决定性的作用。在2004年第一季度公司账面已出现了580万美元的亏损后，他本应会同风险管理委员会的成员及时进行风险评估，但他却没有这样做。

（3）控制活动。"中航油"曾聘请国际"四大"之一的安永会计师事务所为其编制《风险管理手册》，设有专门的7人风险管理委员会及软件监控系统。从案例中可以看出，"中航油"在制定政策方面不惜血本，但在执行方面却不尽如人意。陈久霖明知2004年第一季度公司账面已出现了580万美元的亏损，本应当机立断按照内部风险控制的规则进行斩仓止损，及时向集团公司和市场做出信息披露，但他为了避免损失，将交割日延后至2005年和2006年，并不断加大仓位，孤注一掷，赌油价回落。不然，"中航油"也不会在衍生品交易市场不断失利，并导致最终的破产。

（4）信息与沟通。我国于2001年就已颁布实施了《国有企业境外期货套期保值业务管理办法》，其中规定任何企业不得从事以营利为目的的投机交易，不能在风险极大的海外市场进行交易，交易总量不得大大超过现货交易总量。而"中航油"却对国家的规定置若罔闻，一意孤行地从2003年下半年起在海外市场进行石油衍生品的交易，并且交易总量大大超过了现货交易总量，在这三个方面明显地违背了国家的规定，而母公司在子公司进行了此项违规活动一年多（即2004年10月）以后才得知实情。由此可以看出，中国航油集团和"中航油"之间的信息沟通不畅和会计信息失真有多么严重。

（5）监控。中国航油集团是"中航油"的大股东，作为一家中央级企业，本应严格执行国家的法律法规，严格规范子公司的行为，对其进行及时不间断的监控，以确保国有资产保值和增值。但由上面的事实可以看出，中国航油集团并没有履行自己的职责，所以才会导致"中航油"的自我评估和"自己监管自己"局面的出现。

（二）

（1）事项①表明存在重大错报风险，理由是：销售增长目标与同行业其他公司相比偏高，并且管理层的薪酬与销售增长目标挂钩，可能导致管理层多记销售收入。可能的重大错报属于认定层次，与"主营业务收入"的发生认定和"应收账款"的存在认定相关。

事项②表明存在重大错报风险，理由是：关键人员的变动和缺乏有经验的会计人员，可能表明存在重大错报风险，可能的重大错报属于财务报表层次。

事项③表明存在重大错报风险，其理由是：C产品2019年的毛利率为8.11%，在

2020年1月价格下调了10%之后，C产品的可变现净值小于成本，可能高估了存货成本。可能的重大错报属于认定层次，与"存货"的计价认定和"资产减值损失"的存在认定相关。

事项④表明存在重大错报风险，其理由是：2019年的产品总销量大于2018年，并且运输单价平均上升了15%，但是运输费却只上升了4.3%，可能低估了2019年的运输费。2019年的运输费与上年相比没有太大的变化，表明销量变化不大，可能高估了主营业务收入。可能的重大错报属于认定层次，与"销售费用""应付账款"的完整性认定，"主营业务收入"的发生认定和"应收账款"的存在认定相关。

事项⑤可能不存在重大错报风险。

事项⑥表明存在重大错报风险，理由是：专项工程已于2019年7月完工并投入了使用，但资本化了10个月的利息支出，可能高估了固定资产的成本，低估了2019年的财务费用。可能的重大错报属于认定层次，与"财务费用"的完整性认定和"固定资产"的存在认定相关。

（2）控制事项①与"主营业务收入"的发生认定和"应收账款"的存在认定有关。内部控制不存在缺陷。

控制事项②与"主营业务收入"的发生认定和"应收账款"的存在认定及二者的完整性认定有关。内部控制存在缺陷，表现为：会计人员没有获得生成和阅读专门报告的权限。理由是：如果未被授权可生成和阅读该专门报告，会计人员可能无法识别可能存在的差异并及时进行相应的会计处理。提出的改进建议是：应该授权会计人员可生成和阅读该专门报告。

（3）控制事项①对防止或发现事项④"由于受能源价格上涨的影响，2019年的运输单价比上年平均上升了15%，但运输商同意将运费结算周期从原来的30天延长至60天"产生重大错报风险有效果，理由是：该控制的目标是已经入账的销售收入都须以完成发运的（已执行）发货单为依据。

控制对其他的事项均没有控制效果。

（4）注册会计师主要是通过实施询问被审计单位管理层和内部其他相关人员、分析程序、观察和检查等风险评估程序来从以下6个方面了解和评价被审计单位及其环境：行业状况、法律环境与监管环境以及其他外部因素；被审计单位的性质；被审计单位对会计政策的选择和运用；被审计单位的目标、战略以及相关经营风险；被审计单位财务业绩的衡量和评价；被审计单位的内部控制。

（5）应当实施以下有针对性的进一步审计程序：

①改变拟实施审计程序的性质，以获取更为可靠、相关的审计证据，或获取其他佐证性信息；

②改变拟实施实质性程序的时间，包括在期末或接近期末时的实质性程序，或针对本期较早时间发生的交易或贯穿于整个本期的交易事项实施测试；

③改变拟实施审计程序的范围，包括扩大样本规模、采用更详细的数据实施分析程序等。

项目五 终结审计

任务1 完成审计工作

题型	1	2	3	4	5	6	7	8	9	10
一、单项选择题	D	D	C	A	C					
二、多项选择题	ABCD	ACD	BC	AC	ABC					
三、判断题	√	×	√	√	√	√	×	×	×	×

四、案例题

针对事项（1），注册会计师应当检查借款合同、有关诉讼的相关资料，获取并检查律师声明书，以确认清丰公司对预计负债是否合理估计。同时，检查清丰公司关于此事项的会计处理是否正确。正确的处理为：

借：管理费用——诉讼费　　　　　　　　　　　　　　　　　　　　　30 000
　　营业外支出——罚息支出　　　　　　　　　　　　　　　　　　　190 000
　　贷：预计负债　　　　　　　　　　　　　　　　　　　　　　　　220 000

针对事项（2），注册会计师应当检查法院的二次判决文件以及清丰公司的会计处理，以确认清丰公司的赔偿金额。建议清丰公司做如下调整分录：

借：预计负债　　　　　　　　　　　　　　　　　　　　　　　　　800 000
　　贷：营业外支出　　　　　　　　　　　　　　　　　　　　　　800 000
借：预计负债　　　　　　　　　　　　　　　　　　　　　　　1 200 000
　　贷：其他应付款　　　　　　　　　　　　　　　　　　　　1 200 000

针对事项（3），注册会计师应当审阅清丰公司2019年度财务报表，检查该诉讼事项相关的资料及法院的判决文件，检查清丰公司2019年度的关于该诉讼事项的会计处理是否正确。正确的会计处理为：

借：营业外支出　　　　　　　　　　　　　　　　　　　　　2 000 000
　　贷：银行存款　　　　　　　　　　　　　　　　　　　　2 000 000

针对事项（4），该事项属于以前年度会计估计错误，应当追溯调整。注册会计师应当审阅清丰公司2018年度财务报表，检查与该诉讼事项相关的资料及法院的判决文件。建议清丰公司做如下会计调整分录：

借：未分配利润——期初数　　　　　　　　　　　　　　　　2 000 000
　　贷：预计负债——期初数　　　　　　　　　　　　　　　2 000 000

（同时调整2019年年初的盈余公积与所得税费用）

针对事项（5），注册会计师应当追加审计程序，获取法院终审判决的相关资料，建议清丰公司调整2019年度的财务报表：

借：营业外支出　　　　　　　　　　　　　　　　　　　　　2 000 000
　　贷：其他应付款　　　　　　　　　　　　　　　　　　　2 000 000

任务2　编制审计报告

题型	1	2	3	4	5	6	7	8	9	10
一、单项选择题	C	A	D	B	A	D	D	B	B	A
二、多项选择题	AD	ABD	BC	ACD	ABCD					
三、判断题	×	√	×	×	×					

四、案例题

1.应出具无保留意见的审计报告。因为：（1）在进行应收账款审计时，虽然函证无法收效，但采用了替代审计程序。（2）虽然变更存货发出的计价方法，但其会计核算更能符合实际，而且在财务报表中已经做了披露。（3）管理费用核算错报5 000元，小于可容忍错报10 000元，没有违反公允性原则。（4）漏记了应付账款40 000元，该公司已按审计人员的要求进行调整。

2.审计报告类型和简明原因见下表。

审计报告类型和简明原因

序号	审计报告类型	简明原因
（1）	保留意见	会计估计不符合被审计单位的实际情况
（2）	保留意见	审计范围受到限制并且金额超过了重要性水平
（3）	无法表示意见	审计范围受到重大限制，无法审查重大资产
（4）	带强调事项段的无保留意见	持续经营
（5）	带强调事项段的无保留意见	对2019年度的财务报表没有影响
（6）	无保留意见	对2019年度的财务报表没有影响
（7）	否定意见	财务报表虚假，金额较大，超过了重要性水平

综合训练

（一）

不能。

观察被审计单位存货盘点是存货审计中最重要的步骤，清丰公司不同意注册会计师实施盘点，在存货占总资产比重相当大（达44%）的情况下，可认为是对审计范围的重大限制。

（1）11月30日被审计单位已自行盘点，被审计单位交货期临近不能作为注册会计师无法实施观察被审计单位存货盘点审计程序的借口。清丰公司应当在11月30日前变更委托，使得天诚正信会计师事务所能够观察11月30日的存货盘点。

（2）天诚正信会计师事务所对清丰公司变更委托应引起注意，以免其中有诈，因为王仁泰的去世并不足以导致清丰公司变更事务所。

（3）天诚正信会计师事务所应坚持再度盘点，可安排在12月31日或之后进行，否则不可签发无保留意见的审计报告。

（二）

（1）无保留意见审计报告。

因为该公司折旧方法的变更是合理的，并且已经做了恰当的披露。该公司的处理符合会计准则和会计制度的规定，符合发表无保留意见审计报告的条件。

（2）否定意见的审计报告。

因为折旧方法的变更不合理，该项错报漏报使财务报表产生严重歪曲，符合发表否定意见审计报告的条件。

案例分析

（1）冯海霞应当就包括在财务报表中的对应数据，在审计报告中对本期财务报表发表保留意见或否定意见，因为对应数据在本期未经适当重述或恰当披露；

（2）冯海霞应该发表无保留意见，因为存货错报金额50万元低于财务报表整体的重要性水平100万元，错报金额不重大；

（3）冯海霞应该发表保留意见，取得了蓝海公司70%的股权应该按照成本法进行核算，不应该确认投资收益120万元，该错报高于财务报表整体的重要性水平100万元，但没有超过利润总额，不至于发表否定意见，所以应发表保留意见；

（4）冯海霞应发表保留意见，应该披露未决诉讼而管理层拒绝披露，且很可能赔偿的金额150万元大于财务报表整体的重要性水平100万元，冯海霞根据职业判断确定发表保留意见。

期末模拟试卷（一）

	1	2	3	4	5	6	7	8	9	10
	C	A	A	C	C	D	D	C	D	D
	11	12	13	14	15	16	17	18	19	20
	B	D	C	B	D	B	A	C	A	C
一、单项选择题	21	22	23	24	25	26	27	28	29	30
	B	D	C	D	C	A	D	D	B	D
	31	32	33	34	35	36	37	38	39	40
	B	D	C	C	A	D	B	B	B	C
	1	2	3	4	5	6	7	8	9	10
	AB	ABC	ABCD	ACD	ABCD	BC	AB	BCD	ABCD	ABD
二、多项选择题	11	12	13	14	15	16	17	18	19	20
	ABD	ACD	AC	ABD	ABCD	ABCD	AC	ABCD	BCD	AB
	21	22	23	24	25	26	27	28	29	30
	CD	ABC	AB	BD	CD	ABCD	ABD	BD	BD	ABD
	1	2	3	4	5	6	7	8	9	10
三、判断题	×	√	×	×	√	√	√	×	√	√
	11	12	13	14	15	16	17	18	19	20
	×	√	×	√	×	√	×	×	×	√

四、案例题

1.（1）购货发票比入库单可靠。因为购货发票来源于清丰公司以外的机构或人员，而入库单是由清丰公司自行编制的。

（2）销售发票副本比产品出库单可靠。因为销售发票是在外部流转，并获得了清丰公司以外的机构或个人的承认，而产品出库单只在清丰公司内部流转。

（3）领料单比材料成本计算表可靠。因为领料单预先被连续编号，并且经过清丰公司不同部门人员的审核，而材料成本计算表只在会计部门内部流转。

（4）工资发放单比工资计算单可靠。因为工资发放单需经会计部门以外的工资领取人签字确认，而工资计算单只在会计部门内部流转。

（5）存货监盘记录比存货盘点表可靠。因为存货监盘记录是注册会计师自行编制的，而存货盘点表是清丰公司提供的。

（6）银行询证函的回函比银行对账单可靠。因为银行询证函的回函是注册会计师直接获取的，未经清丰公司有关职员之手；而银行对账单经过清丰公司有关职员之手，存在伪造、涂改的可能性。

（7）注册会计师收回的应收账款询证函的回函比通过询问客户应收账款负责人得到的记录可靠。询证函的回函是注册会计师从独立于被审计单位的外部获得的，所以比直接从被审计单位人员得到的记录更可靠。

2.（1）违反。与清丰公司董事合资办企业会（因自身利益或外在压力）严重影响独立性，是被禁止的商业关系。

（2）违反。提供审计服务不得采用或有收费，否则（因自身利益）严重影响独立性。

（3）违反。不得接受审计客户礼品，否则（因自身利益和密切关系）严重影响独立性。

（4）不违反。在管理层承担责任的情况下，提供编制纳税申报表的服务不影响独立性。

3.（1）免责要求成立。如果审计业务所必须依赖的金融机构等单位提供虚假或者不实的证明文件，会计师事务所在保持必要的职业谨慎下仍未能发现虚假或者不实，这种情形是可以免责的。

（2）免责要求不成立。利害关系人明知会计师事务所出具的报告为不实报告而仍然使用的，人民法院应当酌情减轻会计师事务所的赔偿责任，但不能免责。

（3）免责要求不成立。会计师事务所在报告中注明"本报告仅供年检使用""本报告仅供工商登记使用"等类似内容的，不能作为免责的理由。

4.（1）行业状况、法律环境与监管环境以及其他外部因素；被审计单位的性质；被审计单位对会计政策的选择和运用；被审计单位的目标、战略以及相关经营风险；被审计单位财务业绩的衡量和评价；被审计单位的内部控制。

（2）冯海霞和李祥龙还可以实施分析程序。

（3）询问如下事项：①管理层所关注的主要问题，如新的竞争对手、主要客户和供应商的流失、新的税收法规的实施以及经营目标或战略的变化等；②被审计单位最近的财务状况、经营成果和现金流量；③可能影响财务报告的交易和事项，或者目前发生的重大账务处理问题，如重大的购并事宜等；④被审计单位发生所有权结构、组织结构的变化，以及内部控制的变化等其他重要变化。

（4）观察被审计单位的生产经营活动；检查文件、记录和内部控制手册；阅读由管理层和治理层编制的报告；实地查看被审计单位的生产经营场所和设备；追踪交易在财务报告信息系统中的处理过程。

5.

（1）

库存现金监盘表
2020年2月15日下午5时30分盘点

检查盘点记录				实有库存现金盘点记录				
项目	项次	人民币	美元	面额	人民币		美元	
					张	金额	张	金额
上一日账面库存余额	①	21 679.24		1 000元				
盘点日未记账传票收入金额	②	4 372.31		100元	120	12 000.00		
盘点日未记账传票支出金额	③	4 126.14		50元	80	4 000.00		
盘点日账面应有金额	④=①+②-③	21 925.41		20元	0	0		
盘点实有库存现金数额	⑤	19 226.06		10元	220	2 200.00		
盘点日应有与实有差异	⑥=④-⑤	2 699.35		5元	84	420.00		
差异原因分析	白条抵库（张）	2 560.00		2元	0	0		
				1元	570	570.00		
				5角	50	25.00		
				2角	20	4.00		
				1角	51	5.10		
				5分	32	1.60		
				2分	14	0.28		
				1分	8	0.08		
	现金短缺	139.35		合计		19 226.06		

出纳：张慧敏　　　会计主管人员：王高峰　　　　　监盘人：冯海霞

（2）该公司现金管理中存在下列主要问题：①白条借据抵库。出纳员擅自以白条方式借给2名职工现金，共计2 560元，至今抵充库存不入账。②账款不符。盘点日账面应存额为21 925.41元，而实际盘存现金仅为19 226.06元，其中除出纳擅自以白条借据2 560元抵充库存外，尚短缺139.35元，出纳给不出任何理由。③银行核定该厂现金限额为10 000元，而实际库存超过限额9 226.06元。④出纳工作拖拉，未及时登记库存现金日记账。⑤收到销售款的转账支票未及时送存银行，已超过支票有效期，该笔货款将被对方开户银行拒付。

针对上述问题，提出审计意见如下：①白条抵库的现金2 560元，应做其他应收款入账处理，或限期归还或督促报销；②出纳员短缺现金139.35元，应在进一步查明原因后，按有关规定追究其责任，做出处理；③今后应坚持按银行核定限额存放现金；④出纳员今后应坚持做到及时登账，日清月结；⑤该厂应及时与购货单位联系，收回7 500元销售款。

期末模拟试卷（二）

一、单项选择题	1	2	3	4	5	6	7	8	9	10
	C	B	C	A	B	A	D	B	B	C
	11	12	13	14	15	16	17	18	19	20
	D	D	C	B	C	B	D	C	D	A
	21	22	23	24	25	26	27	28	29	30
	D	D	A	B	A	C	A	C	D	B
	31	32	33	34	35	36	37	38	39	40
	D	A	A	B	B	C	D	D	B	C

二、多项选择题	1	2	3	4	5	6	7	8	9	10
	BC	ABC	ABC	ABCD	ABCD	ABC	BC	ABD	BC	AB
	11	12	13	14	15	16	17	18	19	20
	ACD	BCD	ABCD	ABC	ABC	ABCD	ABC	ABD	ABC	BD
	21	22	23	24	25	26	27	28	29	30
	BC	CD	ACD	ACD	ABCD	ABD	BD	BCD	ABD	ABD

三、判断题	1	2	3	4	5	6	7	8	9	10
	√	√	√	×	√	√	√	×	×	√
	11	12	13	14	15	16	17	18	19	20
	×	√	×	√	×	×	×	×	×	×

四、案例题

1.

审计程序和审计目标

审计证据	审计程序	审计目标
（1）	检查文件或记录	截止
（2）	询问	—
（3）	检查文件或记录	存在
（4）	观察、检查有形资产	存在

2.（1）不违反。注册会计师冯海霞在清丰公司成为公众利益实体之前，已经为该客户服务了4年，在该公司上市后连续提供服务的期限，不得超过2个完整的会计年度，因此冯海霞可以再次参与审计清丰公司2018年度和2019年度财务报表。

（2）违反。审计项目组成员接受审计客户的礼品或款待，将因自身利益和密切关系产生不利影响。

（3）不违反。在管理层承担责任的情况下，提供编制纳税申报表的服务不影响独立性。

（4）不违反。表弟为非近亲属关系，且拥有的经济利益并不重大，不影响独立性。

3.（1）该事项不重要。1 820÷40 000 000×100%=0.00455%，占比很小，达不到重要性水平。在审计实施阶段，审计人员可获取相关证据，出具管理建议书，将相关内控存在的问题报告给管理层，并提出建议措施。在出具报告阶段，无须进行调整与披露，但可以就该内控事宜与管理层沟通，可以与管理层商讨就该内控事项做出的调整计划与步骤。

（2）该单独事项不重要。3 850÷8 000 000×100%=0.048125%，未达到重要性水平。但该事项性质比较重要，审计人员在审计实施阶段应注意增加审计程序，搜集相关证据，看有无类似收入列入小金库的事项，并汇总进行统计。如果金额较大，要做出调整。如果被审计单位拒绝调整，且汇总金额较大，审计人员拟出具保留意见的审计报告。同样，审计人员在审计实施阶段可就该事项出具管理建议书，与管理层商讨加强内控措施。

（3）该事项构成重大事项，对存货这个资产负债表项目来说，已超过其重要性水平。审计人员在审计实施阶段应采取增加审计程序，看有无账外账等情况，通过对管理层及相关业务人员询问、现场观察、盘点、询证、请求专家帮助等方式，获取合理适当的审计证据，形成审计结论，编制调整分录，提请被审计单位做出调整。如果被审计单位拒绝调整，审计人员在报告阶段拟出具保留意见的审计报告。

4.（1）冯海霞执行的截止测试的具体方法是，从资产负债表日前后若干天的销售明细账记录追查至记账凭证，检查其发票存根和发运凭证，其目的是证实已入账的收入是否在同一期间开具发票并发货，有无多记或漏记收入的情况。

（2）清丰公司销售明细账中 2019 年 12 月 30 日（发票号：7892）和 2019 年 12 月 31 日（发票号：7893）均属于提前入账的销售业务。调整分录为：

借：营业收入　　　　　　　　　　　　　　　　　　　　　　230 000
　　应交税费——应交增值税（销项税额）　　　　　　　　　 29 900
　　　贷：应收账款　　　　　　　　　　　　　　　　　　　　　　259 900
借：存货　　　　　　　　　　　　　　　　　　　　　　　　138 000
　　　贷：营业成本　　　　　　　　　　　　　　　　　　　　　　138 000

（3）清丰公司不一定存在延期入账的问题。尽管通过截止测试发现有 1 笔 2020 年 1 月 2 日入账的销售业务其发票和发运凭证均是 2019 年 12 月 31 日的，但这并不能完全表明该销售已经符合销售商品收入确认的条件。在审计时，对此情况注册会计师还应结合具体的情况，确定该业务在 2019 年 12 月 31 日是否能确认为收入。如果在 2019 年年末能够确认收入，则清丰公司存在拖后入账的问题；否则，就不存在。

5.

（1）无法表示意见的审计报告。因为前后任管理层都不提供管理层声明，应视同审计范围受到严重限制，无法表示意见。

（2）否定意见的审计报告。该事项属于需要调整的期后事项，如果调整 2019 年度财务报表，可能使利润盈亏逆转。

（3）保留意见的审计报告。属于无法估计的或有事项，应当在财务报表附注中予以披露，如果被审计单位不进行充分、适当的披露，应当发表保留意见的审计报告。

（4）否定意见的审计报告。因为错报数字远远超过本年利润。

（5）无保留意见的审计报告。因为错报的数字比较小。

（6）保留意见的审计报告。因为监盘没有实施，审计范围受到严重限制。